한번에 끝내는 세계사

いっきにわかる! 世界史のミカタ

島崎晋 著

辰巳出版株式会社 刊

2018

IKKI NI WAKARU! SEKAISHI NO MIKATA

by Susumu Shimazaki

Originally published in Japan in 2018 by TATSUMI PUBLISHING CO., LTD., Tokyo.

암기하지 않아도
읽기만 해도 흐름이 잡히는

한번에
끝내는
세계사

시마자키 스스무 지음 · 최미숙 옮김

북라이프
booklife

옮긴이 | **최미숙**

숙명여자대학교 대학원 한국사학과 석사 졸업. 꾸준히 '함께 책 읽기'를 하며, 세계의 역사와 문화 및 다방면에 관심을 갖고 다양한 시각을 가지려 노력 중이다. 현재 글밥 아카데미 출판번역 과정을 수료한 후 바른번역 소속 번역가로 활동하고 있다. 옮긴 책으로는《미래 연표》,《역사로 읽는 세계》,《역사로 읽는 경제》등이 있다.

한번에 끝내는 세계사

1판 1쇄 발행 2020년 1월 15일
1판 6쇄 발행 2022년 3월 28일

지은이 | 시마자키 스스무
옮긴이 | 최미숙
발행인 | 홍영태
발행처 | 북라이프
등 록 | 제2011-000096호(2011년 3월 24일)
주 소 | 03991 서울시 마포구 월드컵북로6길 3 이노베이스빌딩 7층
전 화 | (02)338-9449
팩 스 | (02)338-6543
대표메일 | bb@businessbooks.co.kr
홈페이지 | http://www.businessbooks.co.kr
블로그 | http://blog.naver.com/booklife1
페이스북 | thebooklife
ISBN 979-11-88850-78-5 03900

* 잘못된 책은 구입하신 서점에서 바꾸어 드립니다.
* 책값은 뒤표지에 있습니다.
* 북라이프는 (주)비즈니스북스의 임프린트입니다.
* 비즈니스북스에 대한 더 많은 정보가 필요하신 분은 홈페이지를 방문해 주시기 바랍니다.

비즈니스북스는 독자 여러분의 소중한 아이디어와 원고 투고를 기다리고 있습니다.
원고가 있으신 분은 ms2@businessbooks.co.kr로 간단한 개요와 취지, 연락처 등을 보내 주세요.

읽기만 해도
세계사의 흐름이 잡힌다

세계사 혹은 역사라고 하면 무조건 어렵다고 생각하는 사람이 많다. 그 이유는 무엇일까? 바로 암기 중심의 역사 수업과 시험 출제 방식 때문이다. 특히 지역 단위로 먼저 구분한 다음 시계열時系列로 가르치는 수업 방식이 세계사를 더 어렵게 만들고 있다.

여기에서 시계열이란 세로축, 즉 시간의 경과에 따라 역사를 순서대로 정리하는 것을 말한다. 역사를 세로축으로 읽는 것, 다시 말해 역사를 시대순으로 파악하는 것은 매우 중요하다. 하지만 이를 지역 단위별로 분류해 파악할 때는 각 지역의 다양한 주제를 가로질러 읽으면서 동시에 시계열로 읽는 것, 즉 '가로로 읽기'와 '세로로 읽기'를 결합해 함께 이해하지 않으면 안 된다.

각 지역의 역사가 동시대의 세계 역사 속에서 어떤 의미인지를 명백하게 밝히는 것이 바로 세계사를 공부하는 이유이기 때문이다.

그렇다면 구체적으로 세계사는 어떻게 접근하면 좋을까? 방법은 여러 가지가 있지만 이 책에서는 '지도자, 경제, 종교, 지정학, 군사, 기후, 상품'이라는 7개 테마를 한정해, 각각을 '세계의 역사'라는 하나의 관점에서 시대순으로 읽어 내려가고 있다. 이 방식이라면 각 테마마다 고대부터 현대까지 통독할 수 있는 장점이 있어 광범위하고 단속적斷續的인 역사 수업이 초래하는 피로감에서 해방시켜 줄 것이다. 또한 하나의 테마가 마무리될 때마다 세계사 전반을 훑었다는 성취감과 함께 어느새 세계사에 정통한 사람이 되어 있을 것이다.

앞으로 우리는 좋든 싫든 간에 국제인이 되어야 한다. 세계라는 전쟁터에서 살아남기 위해서는 세계정세를 정확하게 파악하는 것이 필수인데, 세계사 학습이 그 첫걸음이다. 바꿔 말하면 현재 우리가 처한 입장을 제대로 이해하고 앞으로 나아가야 할 길을 찾기 위해서라도 우리 모두는 세계사를 반드시 이해해야 한다.

하지만 무미건조한 내용으로는 절대 세계사에 흥미가 생길 리 없다. 《한번에 끝내는 세계사》에서는 '유럽인이 아메리카 대륙을 발견한 것은 감자와 옥수수 때문이었다', '유대교가 차별이나 박해를 받은 것은 독특한 규율 때문이었다', '유럽에서는 세계 대전이라고 하면 제1차 세계 대전을 먼저 떠올린다', '나폴레옹을 좌절시킨 장군은 동장군이다'등 알 듯 말 듯한 이야기를 곳곳에 담아 재미를 더했다.

이 책에서 다루는 7개 새로운 '관점'이 세계사를 이해하는 든든한 '길라잡이'가 되길 바란다. 이 테마들로 시대적인 배경과 핵심을 동시에 읽어 낸다면 여러분은 세계사를 한눈에 파악하는 것은 물론이고, 짧은 시간에 가장 효율적으로 세계사를 이해할 수 있을 것이다. 이 책이 세계사 공략을 위한 새로운 첫걸음이 되었으면 한다.

시마자키 스스무

| 일러두기 |

1. 본문의 인명, 지명 등의 외래어는 국립국어원 외국어 표기법에 따라 표기했습니다.
2. 본문에 인용된 성경 구절은 한국성서공동번역위원회가 번역한 《공동번역 성서》를 따르고 있습니다.

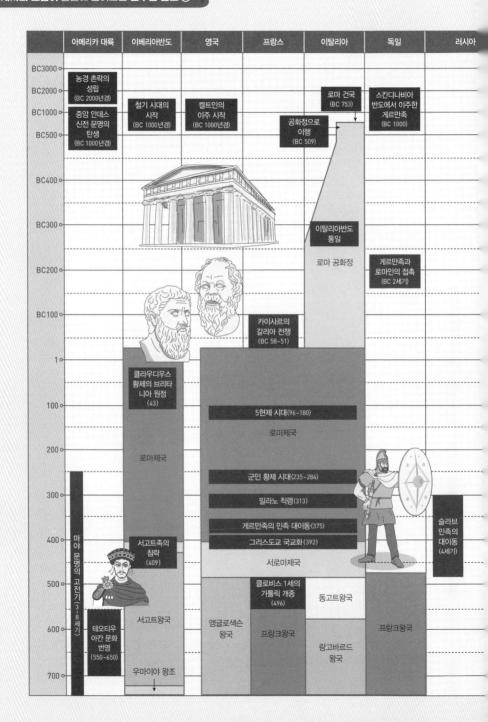

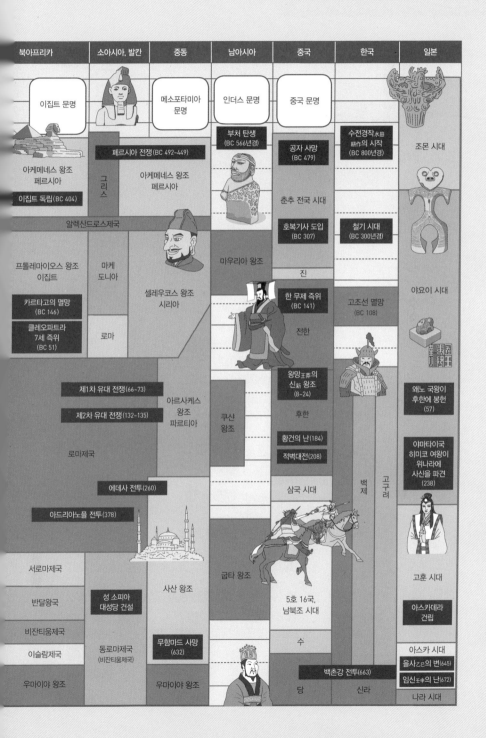

북아프리카	소아시아, 발칸	중동	남아시아	중국	한국	일본
이집트 문명	이집트 문명	메소포타미아 문명	인더스 문명	중국 문명		
아케메네스 왕조 페르시아	페르시아 전쟁(BC 492~449)	아케메네스 왕조 페르시아	부처 탄생 (BC 566년경)	공자 사망 (BC 479)	수전경작水田 耕作의 시작 (BC 800년경)	조몬 시대
이집트 독립(BC 404)	그리스			춘추 전국 시대		
				호복기사 도입 (BC 307)	철기 시대 (BC 300년경)	
알렉산드로스제국						
프톨레마이오스 왕조 이집트	마케도니아	셀레우코스 왕조 시리아	마우리아 왕조	진		야요이 시대
카르타고의 멸망 (BC 146)	로마			한 무제 즉위 (BC 141)	고조선 멸망 (BC 108)	
클레오파트라 7세 즉위 (BC 51)				전한		
제1차 유대 전쟁(66~73)		아르사케스 왕조 파르티아	쿠샨 왕조	왕망王莽의 신新 왕조 (8~24)		왜노 국왕이 후한에 봉헌 (57)
제2차 유대 전쟁(132~135)				후한		
로마제국				황건의 난(184)		야마타이국 히미코 여왕이 위나라에 사신을 파견 (238)
				적벽대전(208)		
에데사 전투(260)				삼국 시대	백제	
아드리아노플 전투(378)					고구려	
서로마제국		사산 왕조	굽타 왕조	5호 16국, 남북조 시대		고훈 시대
반달왕국	성 소피아 대성당 건설					아스카데라 건립
비잔티움제국						
이슬람제국	동로마제국 (비잔티움제국)	무함마드 사망 (632)		수		아스카 시대
우마이야 왕조		우마이야 왕조		백촌강 전투(663)	신라	을사乙巳의 변(645)
				당		임신壬申의 난(672)
						나라 시대

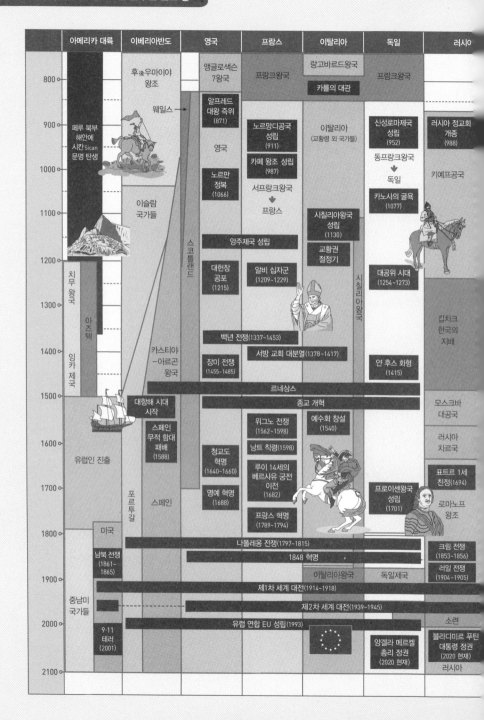

아메리카 대륙	이베리아반도	영국	프랑스	이탈리아	독일	러시아
	후後우마이야 왕조	앵글로색슨 7왕국	프랑크왕국	랑고바르드왕국	프랑크왕국	
				카를의 대관		
페루 북부 해안에 시칸Sican 문명 탄생	웨일스	알프레드 대왕 즉위 (871)	노르망디공국 성립 (911)	이탈리아 (교황령 외 국가들)	신성로마제국 성립 (952)	러시아 정교회 개종 (988)
	이슬람 국가들	영국	카페 왕조 성립 (987)		동프랑크왕국 ↓ 독일	키예프공국
		노르만 정복 (1066)	서프랑크왕국 ↓ 프랑스		카노사의 굴욕 (1077)	
				시칠리아왕국 성립 (1130)		
		앙주제국 성립		교황권 절정기	대공위 시대 (1254~1273)	
치무 왕국		대헌장 공포 (1215)	알비 십자군 (1209~1229)	시칠리아왕국		
아즈텍	카스티야 –아르곤 왕국					킵차크 한국의 지배
잉카 제국		백년 전쟁(1337~1453)				
		장미 전쟁 (1455~1485)	서방 교회 대분열(1378~1417)		얀 후스 화형 (1415)	
		르네상스				
	대항해 시대 시작	종교 개혁				모스크바 대공국
	스페인 무적 함대 패배 (1588)	청교도 혁명 (1640~1660)	위그노 전쟁 (1562~1598)	예수회 창설 (1540)		러시아 차르국
유럽인 진출			낭트 칙령(1598)			
	스페인	명예 혁명 (1688)	루이 14세의 베르사유 궁전 이전 (1682)		프로이센왕국 성립 (1701)	표트르 1세 친정(1694)
	포르투갈		프랑스 혁명 (1789~1794)			로마노프 왕조
미국		나폴레옹 전쟁(1797~1815)				크림 전쟁 (1853~1856)
남북 전쟁 (1861~ 1865)		1848 혁명				러일 전쟁 (1904~1905)
				이탈리아왕국	독일제국	
중남미 국가들		제1차 세계 대전(1914~1918)				
		제2차 세계 대전(1939~1945)				소련
9·11 테러 (2001)		유럽 연합 EU 성립(1993)			앙겔라 메르켈 총리 정권 (2020 현재)	블라디미르 푸틴 대통령 정권 (2020 현재)
						러시아

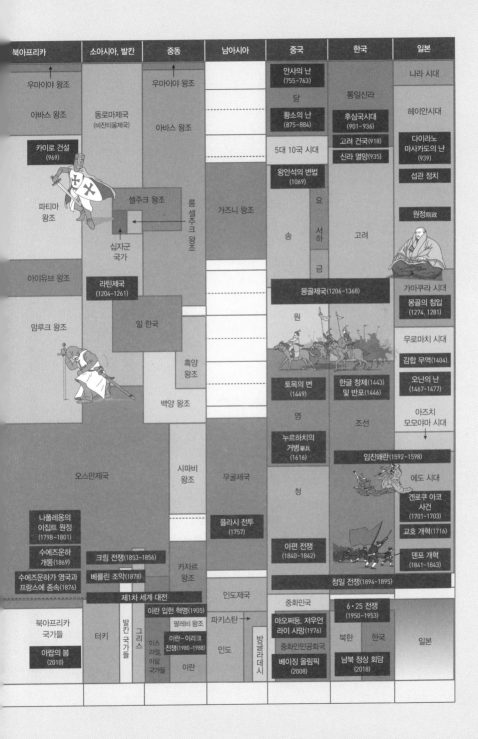

북아프리카	소아시아, 발칸	중동	남아시아	중국	한국	일본
우마이야 왕조	동로마제국 (비잔티움제국)	우마이야 왕조		안사의 난 (755~763)	통일신라	나라 시대
아바스 왕조		아바스 왕조		당		헤이안시대
				황소의 난 (875~884)	후삼국시대 (901~936)	
카이로 건설 (969)				5대 10국 시대	고려 건국(918) / 신라 멸망(935)	다이라노 마사카도의 난 (939)
				왕안석의 변법 (1069)		섭관 정치
파티마 왕조	셀주크 왕조	룸 셀주크 왕조	가즈니 왕조	요 서하 금 / 송	고려	원정院政
	십자군 국가					
아이유브 왕조	라틴제국 (1204~1261)	일 한국		몽골제국(1206~1368)		가마쿠라 시대 / 몽골의 침입 (1274, 1281)
맘루크 왕조				원		무로마치 시대 / 감합 무역(1404)
		흑양 왕조		토목의 변 (1449)	한글 창제(1443) 및 반포(1446)	오닌의 난 (1467~1477)
		백양 왕조		명	조선	아즈치 모모야마 시대
	오스만제국	사파비 왕조	무굴제국	누르하치의 거병擧兵 (1616)	임진왜란(1592~1598)	에도 시대
				청		겐로쿠 아코 사건 (1701~1703) / 교호 개혁(1716)
			플라시 전투 (1757)			
나폴레옹의 이집트 원정 (1798~1801)				아편 전쟁 (1840~1842)		덴포 개혁 (1841~1843)
수에즈운하 개통(1869)	크림 전쟁(1853~1856)	카자르 왕조				
수에즈운하가 영국과 프랑스에 종속(1876)	베를린 조약(1878)				청일 전쟁(1894~1895)	
	제1차 세계 대전		인도제국			
		이란 입헌 혁명(1905)		중화민국		
북아프리카 국가들	발칸 국가들 / 터키 / 그리스	팔레비 왕조	파키스탄	마오쩌둥, 저우언라이 사망(1976)	6·25 전쟁 (1950~1953)	
		이스라엘, 아랍 국가들 / 이란-이라크 전쟁(1980~1988)	인도	중화인민공화국	북한 / 한국	일본
아랍의 봄 (2010)		이란	방글라데시	베이징 올림픽 (2008)	남북 정상 회담 (2018)	

❖ 목차 ❖

제1장

지도자를 파악하면 세계사를 알 수 있다

지도자를
파악하면
세계사를
알 수 있다

고대 중국의 황제

중국 사회의 기틀을 세운 왕들

고대 중국 사회에서 군주를 일컬었던 칭호에는 위로부터 제帝, 왕王, 공公이 있다. 제는 야심만만한 군주가 스스로 칭한 호칭이고, 은殷 나라와 주周 나라 군주들의 호칭은 대체로 왕이 일반적이었다. 춘추 시대에는 주나라 왕의 권력과 권위가 유명무실해지면서, 그 당시 가장 강력한 힘을 가졌던 '공'이 제후들의 관리자 역할을 담당했다.

춘추 시대 초반만 해도 왕(이라고 칭하는 사람)은 주나라 왕 한 사람뿐이었다. 하지만 중반 즈음에는 양쯔강 중류 지역에 나라를 세운 초楚나라를 필두로 양쯔강 하류 지역의 오吳, 월越의 군주까지 스스로를 왕이라 칭하고 나서면서, 중화(세계의 중심)의 땅에 많은 왕이 난립하는 사태가 빚어졌다. 전국 시대에는 패권을 겨루던 제후들이 도태됨과 동시에

천하 통일을 이룬 진시황제

황허 유역의 군주들도 왕을 자칭하며, 전국 7웅(진, 초, 제, 연, 조, 위, 한)이라 불리는 일곱 나라가 치열한 공방을 펼쳤다.

이러한 상황 속에서 맨 처음으로 특기할 만한 인물은 진秦왕 정政이다. 그는 다른 여섯 나라를 차례차례 무너뜨리고 기원전 221년에 천하 통일을 이루었다. 영토는 은, 주 나라 때보다 크게 확장되어 현재 중국 고유 영토의 원형이 되었다.

또 그는 현재로 이어지는 한족 문화의 원형을 구축했는데 나라마다 제각각이던 화폐, 도량형, 문자의 서체, 수레의 규격 등을 통일했다. 나아가 서쪽의 이민족 출신이던 진나라 백성들을 중화의 정식 구성원으로 삼으며 공통적인 한자 문화권 아래 새로운 중화 민족의 틀을 만들었다.

진왕 정은 군주의 칭호에 대한 생각도 남달랐다. 그는 기존의 제나 왕을 대체하는, 천하 통일이라는 대업을 이룬 자신에게 어울릴 만한 새로운 이름이 필요하다고 생각했다. 중신들의 제안을 참작하여 진왕 정이 결정한 칭호는 '황제'皇帝였다. '황'이라는 글자에는 '반짝반짝 밝게 빛나는 모습'이라는 의미가 담겨 있을 뿐만 아니라, 황제는 '제'보다 높은 지위를 나타내는 호칭으로도 가장 적합했다. 그는 스스로를 시황제

始皇帝라 칭했다.

하지만 철저한 법치주의를 강행했던 진 왕조는 시황제 사망 후 곧바로 무너진다. 잠깐의 혼란기를 거쳐 새롭게 한漢나라가 탄생했다. 유방劉邦(칭호는 고조高祖)은 진시황의 시정 방침을 부정하면서도 황제의 칭호는 그대로 이어받아 한나라의 초대 황제가 되었다.

유방은 건달 출신이기는 하지만, 상당히 배포가 크고 적재적소에 인재를 사용하는 능력이 탁월했기 때문에 난세를 평정할 수 있었다. 그는 통 크게 공신들을 각 지방의 왕으로 봉했다. 이는 결과적으로 황제 직속 중앙군을 약화시켜 북방 민족인 흉노와의 싸움에서 참패를 초래한다. 이후 한 왕조는 흉노에게 고개를 들지 못하는 시기를 겪었다.

이런 굴욕적인 상황을 타개하려고 애쓴 인물이 제6대 황제 경제景帝였다. 제후왕의 권력을 약화시키고 오초7국의 반란을 진압하며, 한 왕조의 지배 체제는 군국제에서 군현제로 재편된다.

이러한 땅 고르기 작업이 끝나고 즉위한 황제는 제7대 무제武帝이다. 무제는 직접 정사를 다스림과 동시에 흉노에 대한 공세를 퍼부으며 거듭 승리했다. 그 과정에서 서역과 교류가 시작되었고, 황허의 범람으로 피해를 본 이재민 등을 중심으로 한 한인들을 집단 이주시키기도 했다.

한 무제 시대에는 황제를 천계의 최고신인 '천제'天帝의 대리인, 즉 '천자'天子로 여기는 인식과 혁명론이 정착되었다. 혁명은 '천명天命(천제의 의지)이 바뀌다, 천명을 새롭게 하다'라는 뜻으로, 이를 위한 방법에는 방벌放伐과 선양禪讓 두 종류가 있다. 방벌은 덕을 잃고 악을 행하는 군주는 무력으로 내쳐도 거리낌이 없다는 관점이고, 선양은 부덕한 군주가 덕이 있는 인물에게 제위를 물려주는 것을 천명이라고 여기는 사고방식이다. 이는 20세기 신해혁명에 이르기까지 답습된다.

로마제국의 황제

세습이 아닌 누구에게나 주어진 기회의 자리

도시 국가로 시작해 왕정과 공화정을 거쳐 제정帝政으로 나아간 로마는 마침내 지중해 일원을 지배하는 대제국으로 발돋움했다. 로마가 도시 국가로 건국된 해가 기원전 753년, 고대 로마 최후의 제7대 왕 타르퀴니우스Tarquinius가 추방되고 공화정이 이행된 해가 기원전 509년이다. 지중해 연안에 자리했던 도시 국가 카르타고(지금의 튀니지)와 포에니 전쟁을 벌이는 한편 평민의 지위 향상을 위해 노력했다.

하지만 계속되는 전쟁으로 자영농이 몰락했고, 기원전 130년대부터 '내란 1세기'에 진입한다. 이후 로마에서는 수많은 무산 시민(토지 등 재산을 갖지 못한 빈민층)의 의식주 걱정을 덜어 주는 사람이 권력을 잡게 되었다. 그라쿠스Gracchus 형제의 비참한 최후, 스파르타쿠스Spartacus의

클레오파트라에게 농락당하는 카이사르

난, 율리우스 카이사르Julius Caesar·마그누스 그나이우스 폼페이우스Magnus Gnaeus Pompeius·마르쿠스 리키니우스 크라수스Marcus Licinius Crassus를 중심으로 한 제1차 삼두정치, 카이사르의 독재화와 암살, 제2차 삼두정치 등 어지러울 정도로 정세가 격변하는 시대 속에서 내란에 종지부를 찍고 초대 황제로 등극한 이는 카이사르 조카딸의 아들인 가이우스 옥타비아누스Gaius Octavianus였다.

그는 카이사르나 군사 경력 면에서 우세한 마르쿠스 안토니우스Marcus Antonius와는 달리 클레오파트라Cleopatra에게 매료되지 않았다.

기원전 27년, 옥타비아누스가 원로원(귀족으로 구성된 의회)으로부터 '존엄한 자'를 의미하는 아우구스투스Augustus의 존호를 부여받으면서 본격적으로 로마제국 시대가 시작되었다.

하지만 이때 옥타비아누스는 황제의 자리에 오르지 않았다는 점에 유의해야 한다. 그가 사망했을 때의 공식 직함은 다음과 같다.

'임페라토르Imperator · 카이사르Caesar · 신의 아들 · 아우구스투스 · 폰

티펙스 막시무스(최고 사제) · 집정관 13회 · 임페라토르 환호 21회 ·

호민관 직권 행사 37년 · 국부國父'

이들 중 라틴어 '임페라토르'는 영어 Emperor의 어원인데, 본래는
군의 최고 사령관을 의미하는 말이다. 또 '카이사르'는 이후 황제라는
뜻의 독일어 카이저Kaiser와 러시아어 차르Tsar의 어원이 되는데, 본래는
한 가문의 이름이었다. 다른 직함도 대동소이하며 황제에 해당하는 직
함은 찾아볼 수 없다.

즉 아우구스투스는 황제로 즉위하지 않았지만 황제와 다름없는 권
력을 쥐고 있었다. 이는 기원전 27년 속주 총독으로서의 명령권 획득,
기원전 23년 호민관 직권 획득, 기원전 19년 집정관 명령권 획득이라
는 세 가지 거대 권력을 겸비하면서 합법화된 것으로, 그의 후계자들
역시 마찬가지였다. 그렇게 로마제국은 조금씩 서서히 성립하였다. 즉
로마는 하루아침에 이루어지지 않았다.

정치 체제 특성상 로마제국 황제의 자리는 꼭 세습될 필요 없이, 핏
줄이 끊기더라도 군인들의 지지와 원로원의 승인만 얻으면 누구에게
나 기회가 있었다.

아우구스투스는 후계자로 삼을 만한 남자 자손이 없어 부하이자 사
위인 티베리우스Tiberius에게 뒤를 잇게 했다. 그 후 제5대 네로Nero 황제
까지 혈연관계로 이어졌는데, 가문의 이름을 따서 율리우스-클라우디

우스 왕조라고 부른다. 이어 로마제국의 제6대부터 제11대까지 플라비우스 왕조가 맥을 이었고, 이후 우수한 장군을 양자로 맞아 후계자로 삼은 5현제 시대가 열렸다. 하지만 다시 시작된 세베루스 왕조가 5대째에 끊기고, 군인 황제 시대로 돌입하였다.

계속되는 내란과 사분오열 사태를 겪으며 제국의 안정을 회복한 사람은 콘스탄티누스 1세Constantinus I였다. 그가 313년에 발표한 밀라노 칙령(종교적인 예배나 제의에 대해 로마제국은 중립적 입장을 취한다는 내용의 포고문이다. 이로써 로마제국에서 신앙을 가지는 것, 특히 그리스도교 신앙을 가지는 것에 대한 방해물이 제거되는 계기가 마련되었다.─옮긴이)은 그리스도교를 공인한 포고문으로 알려져 있지만, 결코 종교적인 동기에서 비롯된 것이 아니라 제국의 안정을 최우선시해 도달한 결론이었다.

이후 콘스탄티누스 1세의 조카인 플라비우스 클라디우스 율리아누스Flavius Claudius Julianus는 황제로 임명된 후 로마를 그리스도교를 공인하기 이전 사회로 되돌리고자 했다. 그러나 전통 신앙의 쇠퇴는 이미 어쩔 수 없는 흐름이었고, 로마제국은 새로운 정신적 구심력을 확보해야 했다. 당시에는 이집트와 아시아에서 생겨난 다양한 신앙이 성행했는데, 그중 팔레스티나(팔레스타인의 라틴어 이름)에서 기인한 그리스도교와 이란에서 유래한 미트라교가 가장 많은 신자를 보유하고 있었다.

어느 쪽을 선택할지의 판단은 4세기 말에 군림한 테오도시우스 1세Theodosius I에게 맡겨졌다. 미트라교는 많은 동물의 희생을 필요로 하는 점이 전통 신앙과 비슷한데 그 때문인지는 알 수 없지만, 테오도시우스

1세는 그리스도교를 로마제국의 국교로 확정한다.

　로마제국의 동서 양분이 고착된 후 서로마제국은 단명했다. 하지만 동로마제국(비잔티움제국)은 이후 약 1천 년 가까이 명맥을 유지하였고, 신앙은 현재의 그리스 정교회와 러시아 정교회로 계승되었다.

이슬람 초창기의 지도자

최후의 위대한 예언자 무함마드

이슬람의 역사는 예언자 무함마드Muhammad의 계시로 시작하여 정통 칼리프 시대, 우마이야 왕조, 아바스 왕조의 순서로 옮겨 간다. 3대 정통 칼리프 시대까지 신앙 공동체와 이슬람 국가는 완전히 일치하는 관계였고, 종교 지도자가 정치 지도자를 겸하였다.

이슬람에서는 일신교의 선배 격인 유대교와 그리스도교가 존중한, 성서에 등장하는 아담, 노아, 아브라함, 모세, 예수 등을 '예언자'로 인정하며, 아라비아반도의 메카에서 태어난 무함마드를 최후의 위대한 예언자로 섬긴다.

무슬림에 대한 다신교도의 박해가 심해지자 무함마드는 신자들과 함께 메디나로 이주한다. 하지만 가만히 엎혀 지낼 수만은 없는 노릇이어서 금품 약탈을 노리고 메카의 대상隊商(사막이나 초원 같은 교통이 발달하지 않은 곳에서 낙타나 말에 짐을 싣고 떼를 지어 먼 곳으로 다니면서 특산물을 교역하는 상인의 집단―편집자)을 자주 습격하였다. 결국 메카와의 전면전으로 치달았지만 무함마드의 교묘한 작전과 지휘는 메디나를 승리로 이끈다.

무함마드는 자신이 지휘하는 전쟁을 지하드Jihād, 즉 성전이라고 불렀다. 전리품의 획득은 어디까지나 결과이고, 본래의 목적은 신앙 공동체를 지키는 데 있었다. 이러한 뜻은 그의 후계자들에게도 계승되었다.

이슬람의 다수파인 수니파의 역사관에서는 무함마드 사후 정통 칼리프 시대가 이어지는데, 바로 무함마드의 애제자들이 대리인, 후계자를 의미하는 '할리파'라는 직함으로 공동체를 이끄는 시기이다. 교과서 등에 나오는 칼리프Caliph는 할리파의 영어식 표기이다.

무함마드가 사망했을 때 후계자를 둘러싸고 분쟁이 있었다. 메디나의 신자들이 지역 출신자를 옹립하려고 했기 때문이다. 하지만 회의에 참석한 신자들은 끈질긴 타협을 통해 무함마드의 오랜 친구이자 친족 이외 첫 신자인 아부바크르Abū Bakr alsiddiq를 후계자로 세웠다. 아부바크르는 메디나의 신자들 사이에서도 신망이 높고, 딸 아이샤가 무함마드 만년에 총애를 한 몸에 받은 부인이기도 해서 큰 잡음은 없었다.

그렇지만 신앙 공동체를 계속 유지하기 위해서는 신앙심만으로는 부족했고, 전리품이라는 실리가 필요했다. 그래서 정통 칼리프 시대 동안 성전(신성한 싸움)이라는 이름의 대외 전쟁과 영토의 확대가 이어졌다.

신자들의 수가 늘어남에 따라 제대로 된 제도와 체제를 하루빨리 정비할 필요가 있었다. 이 임무는 제2대 칼리프인 우마르 1세Umar I 때 대부분 이루어졌다. 정복지에서의 군영軍營 도시 건설을 비롯해 국고國庫 창설, 세제 정비, 전사의 봉급 제도 및 장부 관리, 정치적 결정의 문서화, 무함마드가 메디나로 이주한 날을 이슬람 원년 1월 1일로 삼은 독자적인 태음력 제정, 법 규정 정비 등이 이루어짐으로써 신앙 공동체는 이슬람 국가로 변모했다.

제3대 칼리프인 우스만 이븐 아판Uthmān ibn Affan 시대에 두드러진 업적은 무함마드를 통해 공표된 신의 말씀을 한 권의 책으로 정리한 것이다. 구전으로 계속 전하다 보면 반드시 차이가 생기기 때문에 정전正典을 편찬할 필요성이 제기되었다. 이렇게 해서 완성된 것이 이슬람의 정전이자 성전인 《쿠란》이다.

제4대 칼리프로는 무함마드의 사촌 동생이자 무함마드의 딸 파티마의 남편이기도 한 알리 이븐 아비 탈리브Ali ibn Abī Tālib가 옹립되었는데, 동의하지 않은 세력도 있었던 탓에 이렇다 할 큰 업적은 이루지 못했다.

그의 존재는 오히려 사후에 중요해졌다. 생전에 무함마드로부터 후계자 지명을 받은 알리만을 예언자의 정통 후계자로 믿는 집단이 나타난 것인데, 시아파가 바로 그들이다.

알리는 수니파에게는 제4대 정통 칼리프이고, 시아파에게는 초대 이맘Imām으로 숭배되고 있다. 이맘은 수니파에서 공동체의 최고 지도자를 의미하는 칼리프의 별칭이지만, 시아파에서는 정치와 종교 양쪽에서의 최고 지도자를 의미한다.

단적으로 말하면 수니파와 시아파의 차이는 '예언자 무함마드의 후계자로 누구를 정통으로 삼느냐'의 문제로 귀결된다. 따라서 첫머리에 서술한 이슬람 왕조의 계보는 수니파의 역사관에 따른 것이고 시아파에서는 알리와 그 직계 자손만 인정한다.

대제국의 토대를 쌓은 지도자

세계를 뒤흔든 세 명의 왕

세계사에서 많은 대제국이 흥망을 거듭했는데, 그 수많은 지도자 중에서 가장 뛰어난 인물 세 사람을 꼽는다면 마케도니아의 알렉산드로스 Alexandros 대왕(알렉산드로스 3세), 몽골의 칭기즈 칸成吉思汗, 프랑스의 나폴레옹 1세Napoleon I 를 들 수 있다.

마케도니아는 현재의 그리스 북부에 위치했는데, 고대 그리스인들은 이들을 이웃 국가가 아닌 북방의 야만족으로 취급했다. 하지만 마케도니아는 알렉산드로스의 아버지 필리포스 2세Philippos II 때 발칸반도의 남쪽 절반을 지배하는 대국으로 성장한다.

당시 그리스의 도시 국가들은 펠로폰네소스 전쟁과 코린토스 전쟁 등 계속된 내란을 겪으며 극도로 피폐해진 상황이었다. 게다가 자랑거

계속 진격하는 알렉산드로스 대왕

리인 중장보병重裝步兵도, 기마병을 효과적으로 활용한 마케도니아군 앞에서는 체면이 말이 아니었다.

　필리포스 2세가 뜻하지 않게 암살된 후 즉위한 알렉산드로스 3세는 페르시아 전쟁의 보복이라는 명목을 내세워 아시아 원정을 감행한다.

　때마침 아시아 대국 아케메네스 왕조는 곤두박질치듯 쇠퇴의 길을 걷고 있었고, 떠오르는 태양과 같은 기세를 자랑하던 마케도니아군의 상대가 되지 못했다. 알렉산드로스 3세의 명령대로 마케도니아군은 소小아시아, 시리아-팔레스타인 지방, 이집트에 이어 메소포타미아, 이란 본토까지 진격했다.

　알렉산드로스 3세는 아케메네스 왕조를 무너뜨린 후에도 진군을 멈추지 않고 인더스강 유역까지 도달했다. 하지만 장병들의 강경한 저항에 부딪쳐 더 이상의 진군을 포기하고 되돌아갈 것을 결정한다. 그들의 반대가 없었다면 어디까지 돌진해 나갔을지 가늠하기 어렵다.

다음으로 거론할 인물은 몽골제국의 토대를 쌓은 칭기즈 칸이다. 중국 대륙 북방에 드넓게 펼쳐진 곳을 몽골고원이라 부르는 것은 칭기즈 칸이 활약한 덕분이다.

동아시아의 유목 민족으로는 흉노족과 돌궐족이 유명한데, 실상은 정점에 군림하는 부족이 유목민들 중에서 계속 바뀌었을 뿐이지 특정 부족민들이 뛰어났던 것은 아니다. 유목 민족 중 유능한 지도자가 나타났을 때만 거대 국가가 형성되고 중화 왕조를 압도하였다.

칭기즈 칸도 탁월한 지도자 중 한 사람으로, 당근과 채찍을 능숙하게 잘 다루고 정보전을 중시했다. 항복 권고를 순순히 따른 곳에는 관대했던 반면, 한 번이라도 저항한 곳은 인정사정없이 짓밟았다. 그 앞에서 포로의 운명은 죽든가 노예로 팔리든가 둘 중 하나였다.

정보전은 이슬람 신자인 무슬림 상인을 활용하였다. 상업 활동을 하는 그들은 중앙아시아 도시들의 구조와 내부 사정에 정통했고, 칭기즈 칸은 무슬림 상인들에게서 모은 정보만 있으면 미지의 땅에서도 자신만만하게 행동할 수 있었다.

칭기즈 칸이 사망할 즈음에 몽골의 세력권은 몽골고원부터 중국 동북부, 중국 대륙 북부의 절반, 나아가 중앙아시아 전체까지 미쳤다. 이후 대제국이 100여 년이나 계속되며 몽골의 위상은 사람들의 기억에 깊이 각인되었고, 한 부족의 이름이 현재까지 민족명으로 전해지고 그 출신지에도 이름을 남기게 되었다.

세 번째로 거론할 인물은 프랑스 황제였던 나폴레옹이다. 지중해의 코르시카섬 출신인 나폴레옹은 평시였다면 출세는 꿈도 꾸지 못할 평범한 군인에 지나지 않았다. 하지만 프랑스 혁명이라는 소용돌이가 그의 운명을 확 바꾸었다.

혁명 정부 내의 대립으로 숙청의 광풍이 휘몰아치며 무정부 상태로 치닫던 와중에 혁명으로 이득을 본 도시의 부유층은 기득권을 지키기 위해 군사력을 갖고 사태를 수습할 수 있는 인물을 필요로 했다. 그때 마침 눈에 띈 인물이 이탈리아 전선에서 명성을 떨친 나폴레옹이었다.

나폴레옹은 그들의 기대에 부응하듯 연승가도를 달렸다. 막강한 나폴레옹 군대의 저력은 나폴레옹의 뛰어난 리더십과 국민이라는 새로운 개념으로 일치단결한 징병 부대에 있었다. 전력의 과반수를 용병에 의존하던 당시 유럽 사회에서 나폴레옹의 프랑스군은 매우 특이한 존재였다.

국민이라는 개념도 국왕의 신민이나 귀족의 영주민을 대신하여 프랑스인 모두를 하나로 모으기 위해 급작스럽게 만들어졌다. 프랑스군의 성공을 목격하고 나서 유럽의 다른 나라들도 잇따라 국민의 개념을 도입하기 시작했다.

최전성기의 나폴레옹은 유럽 대륙 전체를 정복 혹은 굴복시켰다. 영국을 무너뜨리면 유럽의 완전 제패가 가능한 상황이었지만, 이미 산업 혁명과 상업 혁명을 거친 영국의 국력은 다른 나라와 비교가 안 되었다. 영국의 숨통을 조이기 위해 시작한 대륙 봉쇄령은 오히려 러시아의 강한 반발을 초래했고 나폴레옹의 눈앞에 먹구름이 감돌기 시작했다.

나폴레옹의 몰락은 1808년 5월 벌어진 마드리드 민중 봉기가 그 시작이었지만, 치명적인 원인은 제6장에서 이야기할 모스크바 원정의 실패였다.

5

독립운동의 지도자

자유를 위해 온몸을 바친 리더들

19세기 이후 열강의 식민지가 된 나라나 지역에서는 독립운동이 활발히 일어났다. 나폴레옹 전쟁을 통해 사방으로 퍼진 프랑스 혁명의 이념은 각국의 독립운동에 도화선이 되었고, 20세기 미국의 제28대 대통령 토머스 우드로 윌슨Thomas Woodrow Wilson이 주창한 민족 자결주의 원칙은 독립 열의에 한층 더 불을 지폈다.

19세기 초반 중앙아메리카 카리브해 지역과 브라질을 제외한 남아메리카 대륙의 대부분은 스페인의 식민지였다. 스페인이 프랑스군에게 점령당하자 해외 식민지의 스페인군 사이에도 동요가 확산되었는데, 중앙아메리카와 카리브해 지역을 중심으로 독립운동이 활발해진다.

뒤이어 남아메리카에서도 비슷한 움직임이 일어났는데, 남미 지역의 독립운동에 가장 위대한 공적을 남긴 인물은 베네수엘라 출신의 시몬 볼리바르Simon Bolivar였다.

남미의 손꼽히는 자산가의 장남으로 태어난 그는 일찍부터 독립운동에 투신하였고, 매우 열정적인 이상주의자이면서 동시에 현실을 통찰하는 냉철함을 겸비하여 가톨릭교회와 협조하면서 공화정 체제를 지향했다.

볼리바르는 상당히 활동적인 인물로 유럽의 여러 나라와 미국을 둘러보며 세계정세를 목격하고 학문과 견문을 넓혀서 남미로 돌아왔다. 남미의 구 스페인 식민지를 통일하지는 못했지만 베네수엘라, 현재의 콜롬비아와 에콰도르를 독립시켰고, 나아가 페루와 볼리비아의 독립을 돕는 등 남미 역사에 불후의 명성을 남겼다. 페루와 브라질 사이에 위치한 볼리비아가 국가 이름을 그렇게 정한 것도, 남미 각지에 볼리바르의 이름이 붙은 지명이 많은 것도 볼리바르의 공적을 영원히 잊지 않겠다는 사람들의 바람을 나타낸 것이다.

두 번째는 '위대한 영혼'을 의미하는 마하트마라는 존칭을 부여받은 인도 독립의 아버지 모한다스 간디Mohandas Gandhi이다. 간디는 변호사로 남아프리카에 갔을 때 동포를 향한 심각한 차별을 목격하고 인도 독립에 대한 의지를 굳게 다졌다고 한다.

하지만 당시 영국의 식민지였던 인도는 현재의 인도와 파키스탄, 방글라데시를 합한 인도 아대륙을 아울렀고, 인도만 해도 내부의 다양성은 유럽 대륙에 필적할 만했다. 대체 어떻게 하면 종교도 언어도 다른 사람들을 하나의 목표로 이끌 수 있을까? 수많은 희생이 불가피한 독립 전쟁도 승산이 없고, 무엇보다 얼마 만큼의 사람이 자신을 따라줄 것인가도 알 수 없는 상황이었다.

고심에 고심을 거듭한 후 간디가 제시한 전술은 비폭력 저항 운동이었다. 일단 누구나 참여하기 쉽고, 인도 사람들이 영국 제품의 불매 운동과 영국에 대한 비폭력을 일제히 실시한다면 인도에 의존하는 영국 경제는 급격히 파국을 초래할 것이고, 그렇다면 영국은 인도와 타협을 할 수밖에 없다고 생각했다.

그의 선견지명은 대체로 맞았지만, 정작 인도 아대륙의 복잡한 내부 상황은 한 치 앞도 내다볼 수 없었다. 급진파의 폭주와 무슬림의 독자적인 행동, 인도와 파키스탄의 분리 독립을 막지 못했고, 간디는 결국 힌두교 급진파 손에 암살되고 말았다. 매우 안타까운 최후였다.

세 번째는 베트남 건국의 아버지 호찌민胡志明으로 본명은 응우옌신꿍Nguyễn Sinh Cung이다. 젊은 시절 프랑스, 소련, 중국 등 해외에서 보내는 일이 많았던 그는 중국에서 베트남으로 귀국하던 중 장제스蔣介石의 비밀경찰에게 체포되었는데, 그때 사용했던 이름이 호찌민이라는 중국식 가명이었다. 베트남을 다시 중국의 보호국으로 삼고 싶었던 장제스의 지시로 석방된 그는 이후로도 호찌민이라는 이름을 계속 사용했다.

1899년 베트남 전역은 캄보디아 및 라오스와 함께 프랑스령 인도차이나로 식민지가 되었다. 왕족의 주도로 시작한 독립운동이 실패하자 대지주가 전면에 나섰다. 그마저 실패한 뒤 왕족과 대지주 이외의 모든 계층을 독립운동에 받아들이는데, 바로 호찌민이 참여한 베트남 독립 동맹인 베트민Vietminh이었다.

호찌민은 국제공산주의 조직인 코민테른Comintern의 지시를 존중하면서도, 공산주의자이기 전에 철저한 베트남 독립운동 투사였다. '독립과 자유만큼 소중한 것은 없다'는 것이 그의 신념이었고, 이를 위해서는 공산주의를 봉인하는 것도 마다하지 않았다. 그 덕분에 호찌민은 독립운동의 지도자로서 강력한 구심점이 될 수 있었고, 베트남은 프랑스 철수 후 미국과의 전쟁에서도 끝까지 싸워 이길 수 있는 저력을 갖게 되었다.

6

개혁을 단행한 지도자

큰 성과를 거둔 두 대왕

유럽의 역사는 프랑스 혁명과 나폴레옹 전쟁을 큰 전환기로 삼지만, 국가나 지역별로 보자면 그 이전에 과감한 개혁을 이룬 곳들이 있다. 그중에서도 가장 큰 성과를 거둔 곳이 러시아와 프로이센이다.

러시아의 표트르 1세Pyotr I는 후에 대제大帝의 존칭을 받는다. 러시아를 유럽 변방의 이류 국가에서 열강의 반열에 들어서는 계기를 만든 인물이기 때문이다.

표트르가 개혁을 단행한 데는 소년 시절의 경험이 크게 영향을 미쳤다. 당시 네덜란드 등 서구에서 러시아로 온 프로테스탄트 상인들은 불필요한 충돌을 피하기 위해 격리된 거주지에서 생활하고 있었는데, 장난꾸러기 소년 표트르는 그곳을 빈번하게 드나들면서 바다 너머 세계에 동경을 품었다.

친정 개시 직후 표트르 1세는 가명으로 신분을 위장한 채 대규모의 서유럽 시찰단의 일원이라는 비공식적인 형태로 네덜란드와 영국 등 서구 여러 나라를 방문하였다. 그곳에서 러시아의 낙후를 새삼 통감한 그는 수백 명 규모의 외국인을 고용해서 함께 귀국했다. 이때 많은 귀족이 황제를 맞이하기 위해 줄지어 서 있었는데, 그의 개혁은 그들의 수염을 자르는 것에서 시작했다. 전통적인 귀족의 특권을 박탈하지 않고는 강국으로 나아가는 길을 열 수 없다는 강한 의지의 표현이었다.

산업의 육성과 상비군의 설치, 첫 번째 급선무는 이 두 가지로 표트르 1세는 재원 마련을 위해 세제 개혁에 착수했다. 과세 대상을 세대世帶에서 개인으로 개정하며 빠져나갈 방법을 차단하고, 어떻게든 세금을 거둬들이려고 노력했다.

또한 공장 노동자의 수가 절대적으로 부족한 문제는 농촌에서 도망친 농민을 면책하는 방법으로 대처했다. 바쳐야 할 세금과 부역을 감당할 수 없어 고향을 떠나 도시로 숨어든 농민 가족들에게 일정한 세금과 공물만 내면 강제 송환하지 않겠다고 약속했다. 도시 노동자가 된 그들은 농촌에 있을 때보다 수입이 안정되어 그 정도의 부담이라면 감당할 만했다. 표트르 1세는 그 누구도 손해 보지 않는 형태로 심각한 문제를 해결해 나갔다.

표트르 1세의 개혁은 귀족에게 군복무의 의무를 부여하고 국가에서 교회를 관리하는 등 실로 다방면에 걸쳐 상당한 성과를 거두었다.

프로이센의 프리드리히 2세Friedrich II도 후에 대왕大王의 존칭을 부여받은 인물이다. 프로이센은 프리드리히 빌헬름 1세Friedrich Wilhelm I 때 상비군의 수가 3만 8천 명에서 8만 1천 명(전 인구의 30분의 1)으로 대폭 증원되고, 국가 예산의 3분의 2가 군사비로 책정된 군사 국가로 변모하였다. 하지만 한랭한 기후와 척박한 토질로 인한 적은 인구와 낮은 농업 생산력이 항상 고민거리였다.

프리드리히 2세는 두 가지 과제를 극복하기 위해 외국에서 온 이주민을 환영함과 동시에 사람들이 역병에 걸린다며 꺼리던 감자의 재배 장려에 온 힘을 기울였다. "어떻게 하면 계속 실패로 끝난 감자 보급을 성공시킬 수 있을까?" 1756년 3월 24일, 프리드리히 2세는 모든 관리에게 다음과 같은 명령을 내렸다.

"땅에서 열매를 맺는 감자의 장점을 사람들에게 이해시켜 영양가 높은 이 식물을 먹을 수 있도록 올 봄부터 재배를 장려하라."

"빈 땅에는 감자를 심도록 하라. 왜냐하면 이 열매는 이용 가치가 높을 뿐만 아니라 노동에 상응하는 만큼의 수확이 기대되기 때문이다."

"농민들에게 단순히 재배 방법을 지도하는 데 그치지 말고 그들이 일하는 모습을 용기병龍騎兵이나 고용인들이 감시하게 하라."

_이토 쇼지, 《감자의 세계사》ジャガイモの世界史 중에서

프리드리히 2세가 단행한 강력한 감자 보급 정책은 인구 증가와 식량 생산 확대에 효과적이었으며 군사력 또한 한층 강화시켰다. 독일의 중심이 오스트리아에서 프로이센으로 옮겨간 것도 프리드리히 2세가 단행한 개혁 덕분이었다.

7

근현대 중국의 지도자

무력을 손에 쥔 쟁쟁한 인물들

근대 이후에 중국의 지도자가 되기 위해서는 반드시 무력이 필요했다. 유력한 군을 보유하든 군의 지지를 받든, 그렇지 않고서는 정권을 잡는 것도 유지하는 것도 불가능했다.

19세기 후반, 청나라 말기의 정국을 이끈 이홍장李鴻章도 그러했다. 그는 태평천국의 난을 진압하기 위해 고향인 안후이성에서 회군淮軍이라는 자위 목적의 민병 조직을 결성했다. 이에 서구식 훈련과 병기를 갖추어 태평천국군을 격퇴했을 뿐만 아니라 팔기군八旗軍과 녹영군綠營軍을 대신하여 청나라를 지탱하는 국방군으로도 성장했다. 그에 따라 이홍장은 국정까지 맡게 된다.

서양 문물의 도입을 억제해 온 청 왕조도 의화단 사건과 여덟 개국

(독일, 러시아, 미국, 영국, 오스트리아, 이탈리아, 일본, 프랑스) 연합군의 베이징 주둔을 계기로 태도를 바꿔 모든 분야의 근대화를 위해 착수했다. 그중 군사 분야를 담당한 인물은 이홍장 밑에서 두각을 나타낸 위안스카이袁世凱였다. 신건육군新建陸軍(신군)이라는 근대적 장비와 편제를 갖춘 최정예 부대를 가장 처음 양성한 그는 그 실적을 무기로 신해혁명이 일어날 즈음 기민하게 행동했다. 조정을 설득해서 어린 황제 푸이溥儀를 퇴위시키는 대가로 혁명 진영으로부터 새로운 국가의 초대 원수 자리를 약속받는다. 이렇게 해서 중화민국의 초대 대통령이 된 위안스카이는 점차 독재 성향을 강화하며 혁명파와의 내전에서도 승리하게 된다. 그리고 스스로 황제 자리에 오를 뜻을 밝히고 준비를 진행한다.

하지만 제정帝政의 부활은 위안스카이의 권력이 세습된다는 의미이고, 이는 위안스카이를 따르던 수족 같은 장군들의 이해관계와 어긋나게 된다. 지방 분권파의 거병擧兵에 혁명파가 호응하며 반란의 불길이 확대되는 가운데 신뢰하던 부하들까지 잇따라 배반하자 위안스카이는 즉위를 단념했다. 이후 크게 상심하고 절망감에 시름하다 생을 마감한다.

위안스카이가 나오면 쑨원孫文을 언급하지 않을 수 없다. '중국 혁명의 아버지'라고 불리는 쑨원이 청나라 타도를 위해 의지한 무력은 회당會党이라는 전통적인 비밀 결사와 신군이었다. 중화민국의 성립 후에는 서남 지역의 군벌들과 이합집산을 반복했는데, 번복을 일삼는 군벌들을 신뢰하기 힘들었다. 때마침 그는 코민테른으로부터 독자적인 군대 창설에 대한 제안을 받고 실행에 옮겼는데, 코민테른의 전면 원조하에 군관 학교를 만들어 교장에는 장제스, 정치 교육의 책임자에는 공산당의 저우언라이周恩來를 앉혔다.

장제스는 쑨원의 유산을 이어받았는데, 이홍장부터 장제스까지의 인물들에는 두 가지 공통점이 있다. 하나는 모두 부유한 가정 출신이라는 점이고 또 하나는 강권정치強權政治를 옳다고 여긴 점이다. 특히 이홍장, 쑨원, 장제스 이 세 사람은 중국에서 직접 민주주의는 시기상조이고, 준비가 갖추어질 때까지는 현자에 의한 독재정치도 불가피하다는 점에서 견해가 일치했다.

이러한 경향은 유교 교육을 받은 그들만이 아니라, 중국공산당의 간부들에게도 이어져 일당 독재를 긍정하는 밑바탕이 되었다.

중국공산당의 지도자로는 마오쩌둥毛澤東과 덩샤오핑鄧小平이 쌍벽을 이룬다. "권력은 총구에서 나온다."라고 말한 마오쩌둥은 이를 뒷받침하듯 무력으로 장제스를 무너뜨렸다. 정확성을 기하자면 중국국민당 측의 군대를 잇달아 돌아서도록 하는 데 성공한 것이다.

덩샤오핑은 문화 대혁명 때 실각되었는데, 이때 살해 혹은 린치를 당하지 않을 수 있었던 이유는 예젠잉葉劍英을 필두로 한 군 장로들의 지지와 옹호가 있었기 때문이다.

또 덩샤오핑은 다른 요직은 포기해도 중앙군사위원회 주석이라는 군 최고 지도자 자리는 오랫동안 고수했다. 계속 군을 장악하지 못하면 언제 누가 무슨 일을 벌일지 불안했기 때문이다.

8

미국의 지도자

외교 정책을 전환한 대통령

미국은 유럽 전역이 나폴레옹 전쟁으로 한창일 때 중립을 내세웠다. 하지만 영국, 프랑스 양국과 무역을 계속하고 있었기 때문에 새롭게 탄생한 근대 내셔널리즘Nationalism 사상이 미국에도 전파되었다. 그 결과 백인 사회에는 자신들의 뿌리를 영국에서 찾지 않는, '우리는 애초부터 미국인이다'라는 사고방식이 널리 퍼졌다.

이와 같은 분위기를 배경으로 미국 제5대 대통령인 제임스 먼로James Monroe는 1823년 12월 2일 연방의회에 보낸 제7차 연례 교서 중 '미국은 유럽의 문제에 간섭하지 않겠으니 유럽도 서반구의 문제에 간섭하지 말라'는 주장의 '먼로주의'를 피력했다.

이후 먼로주의는 미국 외교의 기본 원칙이 되었는데, 노예 해방으로 유명한 에이브러햄 링컨Abraham Lincoln을 비롯한 먼로 이후의 정부 수뇌부에게 이 선언은 임시방편에 지나지 않았다. 실력만 갖춰지면 언제든지 유럽 시장에 나갈 생각이었기 때문이다.

국토가 태평양 연안까지 이르고 하와이와 필리핀을 영유한 상황에서 미국의 외교 정책은 조금씩 변해 갔다. 영국을 비롯한 유럽에 대한 투자도 계속 늘어 오랫동안 유지했던 보호 무역주의는 완전히 자취를 감추게 된다.

그런 미국의 외교 정책을 확실히 전환한 사람은 제28대 대통령 토마스 우드로 윌슨Thomas Woodrow Wilson이었다. 때마침 유럽은 제1차 세계 대전의 전장이 되었고, 영국·프랑스·러시아와 독일·오스트리아-헝가리제국·오스만제국의 양 진영 중 어느 쪽이 승리할지 쉽게 예단할 수 없는 상황이었다.

이미 채무국에서 채권국으로 지위가 바뀌었고 영국에 상당한 투자를 하고 있던 미국의 상황상, 채권자인 월가 사람들은 윌슨 대통령에게 계속해서 세계 대전의 참전을 촉구했다. 영국이 지면 투자금을 회수할 수 없어 큰 손해를 보기 때문이었다.

결국 윌슨 대통령은 미국 금융의 중심인 월가의 압력을 견디지 못하고 영국과 프랑스 진영 측에 서서 참전을 결심한다. 하지만 전체적으로 미국 사회는 외부 세계에 대한 관심이 그리 높지 않았고, 제1차 세계 대전이 끝나자 미국의 외교 정책은 다시 고립 정책으로 되돌아갔다.

그렇지만 미국이 영국을 앞질러서 세계 제일의 경제 대국이 된 것

왼쪽부터 카이로 회담에 참석한 장제스, 루스벨트 그리고 처칠

은 사실이다. 지식층 사이에서는 그 지위를 유지하기 위해 세계 경제와 국제 질서의 안정에 적극적으로 참여하지 않으면 안 된다고 생각했지만, 미국 사회 전반적으로는 여전히 먼로주의를 고집하는 분위기가 강했다. 이는 국민 여론 조사에서도 여실히 드러났다.

그와 상관없이 제32대 대통령인 프랭클린 루스벨트Franklin Roosevelt는 제2차 세계 대전이 발발하자 대국적인 견지에서 술책을 부려 미국을 참전으로 이끌었다.

루스벨트 대통령은 영국의 윈스턴 처칠Winston Churchill 총리와 회담하고 패전국에 배상금을 부과하는 것을 중단하는 등 전쟁 이후의 국제 질서에 적극적으로 참여하는 자세를 보였다. 소련이라는 사회주의 국가의 성립과 강대화強大化를 목격하고는 자신들이 진두지휘하지 않으면 이길 수 없다는 위기감으로 외교 정책의 일대 전환을 이루었다.

한편 1943년 11월에 열린 카이로 회담에는 장제스도 참석했지만, 루스벨트 대통령은 그를 이오시프 스탈린Iosif Stalin만큼 중요한 인물로 여긴 것 같지는 않다.

9

20세기의 독재자

역사에 악명을 떨친 주역들

중국에서 새 왕조를 창건할 때나 절대주의 전성기의 서구에서는 황제나 국왕이 독재 권력을 휘두르는 일이 드물지 않았다. 하지만 20세기에 등장한 독재자들의 독재 권력은 전근대의 것과 크게 달랐다. 독재자들의 공통점은 일시적이지만 대중을 열광시켰다는 것이다. 이념으로 따지자면 민족주의나 공산주의 둘 중 하나인데, 전체주의적 성격을 띠는 것에는 차이가 없다. 공산주의는 사상이 지지를 받았다기보다 구국의 영웅이 공산주의자였다는 우연이 촉진된 면이 더 강하다.

앞서 이야기했듯이 근대 내셔널리즘은 나폴레옹에 의해 전 유럽에 퍼져 19세기 말에는 당연한 이론이 되었다. 오랫동안 통일의 기회를 접하지 못했던 독일과 이탈리아에서는 국가와 국민이라는 개념의 정착을 급하게 서두른 나머지 우스꽝스러울 정도의 역사관과 자기 인식의 보급마저 장려되었다. 이에 근대 과학에서 생긴 어족語族, 인종, 민족 등의 개념이 합쳐져 극우 사상이나 파시즘Fascism이 싹트는 토양이 만들어졌다. 독재자라는 존재는 현대 특유의 산물이며 내셔널리즘에서 피해갈 수 없는 고질병이라고 말할 수 있다.

베니토 무솔리니Benito Mussolini는 대중을 선동하는 강력한 힘으로 정권을 잡았는데, 그것을 정당화하기 위해서 교황을 이용했다. 이탈리아 통일을 끝까지 받아들이지 않고 육지 속 고독한 섬으로만 머물던 작은 교황령을 바티칸시국이라는 독립 국가로 인정한 것이다. 그 교환 조건으로 무솔리니는 정당한 정권이라는 교황의 보증을 얻었다. 이 거래가 이루어지면서 무솔리니의 독재 정권을 부정하던 안팎의 목소리는 일시에 수그러졌다.

독일의 아돌프 히틀러Adolf Hitler는 합법성이 의심되는 선거를 통해 정권을 잡았다. 정권을 장악한 히틀러는 공약대로 실업률을 격감시켜 제로에 가깝게 만들었다. 다만 거기에는 속임수가 있었는데, 유대인과 여성을 직장에서 배제하고 그들을 통계에 넣지 않은 것이다. 또 8시간 노동을 4시간 노동으로 줄여 고용인 수를 두 배로 늘리는, 최근 자주 언급되는 워크셰어링Worksharing의 선구자였던가 하면, 자동차 공장에서 노동자들을 무급으로 일하게 해 생산 비용을 낮추고 저가의 자동차를 보급시키는 엄청난 일도 해냈다. 결국 숫자 놀음에 불과했던 것이다.

히틀러와 동시대 독재자로는 소련의 이오시프 스탈린, 중국의 마오쩌둥, 북한의 김일성도 있다. 공산주의 국가는 모두 일당 독재를 합법화했기 때문에 좁은 범위에서의 투쟁도 치열했다. 그 권력 투쟁에서 승리한 자는 냉철한 독재자로 변해 갔고, 패자에게 관대하지 않았다.

스탈린의 최대 라이벌은 혁명가이자 이론가인 레온 트로츠키Leon Trotsky였는데, 당내 지지 기반이 약하다는 단점이 끝까지 트로츠키의 발목을 잡았다. 반대로 스탈린은 절망적이라고 예상된 상황에서 독일군을 물리친 후 조국을 방어한 주인공으로 추앙되어 독재 체제를 한층 더 강화했다.

마오쩌둥은 대량의 아사자가 발생한 '대약진'大躍進이라는 정치 운동을 필두로, 현실과 너무 동떨어진 정치를 펼친 탓에 권력의 자리에서 한 차례 내려와야 했다. 하지만 대중 선동이라는 수단으로 복귀한 이후, 자신의 노선에 이의를 제기한 자는 오랜 당원이었어도 상관없이 모조리 숙청했다. 국가주석을 역임한 류사오치劉少奇나 국방부장 펑더화이彭德懷마저 화를 피하지 못했으니 완전히 광기 어린 행위였다.

북한의 김일성은 소련 영내에 근거지를 마련하고 게릴라 저항 운동을 계속했던 인물인데, 조선노동당중앙위원회 총서기라는 최고 지위를 세습시킨 점이 다른 공산주의 국가와는 결정적으로 다르다. 공산주의 정책을 펼치는 왕국인 셈이다.

제2장

경제를
파악하면
세계사를
알 수 있다

전매제

중국 한나라의 염, 철 전매제가 그 시초

국가 재정의 기둥이라고 하면 옛날에는 농민에게 징수해 거둬들인 논밭의 수확물에 대부분 의존했다. 하지만 그것으로 부족하면 세금으로 재원을 충당하지 않을 수 없었고, 중국은 종종 전매제를 실시했다.

전매제를 맨 처음 도입한 군주는 한의 무제이다. 흉노와의 전쟁이 한창 치열했던 당시 물자 보급과 지원군 파견, 장병 급여 지불 등 당면한 재정 문제를 해결해야만 했다. 이때 무제가 선택한 방법은 소금과 철의 판매를 국가 통치 체제로 편입시키는 것이었다.

전국 시대부터 한나라 때에 이르기까지 중국에서 민간의 대부호라고 하면 소금이나 철 생산업자 혹은 그 판매업자에 한정되었다. 철제 농기구의 편의성은 석제, 목제 농기구와 비교가 안 될 만큼 뛰어났고,

철제 농기구는 농경 사회의 필수품이었다.

또한 소금은 인간이 살아가는 데 없어서는 안 될 식품이다. 중국에서 소금 생산지는 해안 지대나 광대한 소금 호수가 있는 산시성 서남부, 지하수에 염분이 많은 쓰촨성 동부 등지에 한정되어 있었다.

한나라 초기에는 철과 소금이 낳는 부를 대수롭지 않게 여기고 생산업자와 판매업자에게만 과세하였다. 게다가 소금세는 국가 재정이 아닌 황실 재정에 편입했는데, 이 세금이 국가 재정의 중요한 재원이 될 거라고는 조금도 생각하지 못한 것이다.

하지만 장탕張湯이라는 수완 좋은 신하의 진언에 따라 무제는 상인 출신인 동곽함양東郭咸陽과 공근孔僅을 발탁해서 부관副官으로 삼은 뒤 소금과 철의 전매를 실시했다. 철광석 산지 50개소에 철관鐵官이라는 관청을 설치하고 그곳에 관영의 야금, 주조 작업장을 부속시켜 철제 농기구의 판매까지 완전히 국가 직영으로 삼았다.

또 한편 제염이 운영되던 전국 36개소에 염관鹽官이라는 관청을 설치하고 모집에 응한 민간 제염업자에게 자염煮鹽(바닷물을 졸여서 소금을 만듦－옮긴이)에 필요한 기구를 제공하였다. 그렇게 만들어진 소금은 모두 염관이 사들이고 국가가 독점 판매했다.

이로써 무제는 재원 확충이라는 당초의 목적을 달성할 수 있었다. 이를 본 따 후대 왕조들도 재정 위기를 극복하는 수단으로 전매제를 이용했는데, 당나라 시대에는 안사의 난으로 한창 혼란스러울 때 전매제가 실시되었다.

하지만 국가의 독점 판매로 인한 폐해도 뒤따랐다. 어디에나 부패한 관리는 있기 마련이어서, 혼합물을 섞어 양을 늘리거나 조악한 소금을 터무니없는 고가로 판매하는 행위가 전국 각지에서 벌어졌다.

그 결과 소비자들은 위법임을 알면서도 어쩔 수 없이 암시장을 찾아야 했고, 조정에서는 이러한 소금 밀매업자를 염효鹽梟라고 불렀다.

염효 중에는 주위 사람들에게 신망이 두텁고 협객 기질을 지닌 이가 많아서 관리들과 분란을 일으키기도 했다. 단속이 심해지면 무력으로 저항하는 등 밀매 조직의 무장화도 진행하였다.

국가의 강압에 견디다 못한 민중이 곳곳에서 무장봉기를 일으켰는데, 염효는 지도자로서 자연스레 가세했다. 875년 당나라 말기에 일어난 농민 반란의 지도자인 왕선지王仙芝와 황소黃巢도 바로 염효 출신이었다.

염효가 반란군의 우두머리 역할을 한 건 이뿐만이 아니었다. 원나라 말기의 민란 때 강남을 무대로 명나라 제1대 황제인 주원장朱元璋과 10년에 걸쳐 오래도록 공방을 펼친 장사성張士誠도 마찬가지였다. 한참 시대가 흐른 뒤인 신해혁명 직후 장쑤성의 양저우를 차지한 쉬바오산徐宝山이라는 군벌도 소금 밀매업을 하면서 서우시호瘦西湖를 세력권으로 하는 호적湖賊 출신이었다.

소금 전매가 막대한 이익을 내기 위해서는 통일 국가의 존재가 불가결한데, 그 탓인지 유럽에서는 프랑스의 소금세인 가벨Gabelle을 제외하고는 그 유례를 찾기 어렵다.

원래 가벨은 일반 소비세를 지칭하는 말이었지만, 15세기 이후로는 오로지 소금세만 가리키게 되었다. 소금에 대한 소비세임과 동시에 소금의 생산과 유통, 소비까지 국가의 통제하에 놓이고 세율은 지역에 따라 달랐다. 서민 입장에서는 가혹한 세금의 상징으로 종종 폭동의 원인이 되기도 했다. 이는 프랑스 혁명이 한창이던 1790년에 폐지되었다.

2

조공 무역
이익보다는 중화사상이 더 중요했던 중국

고대 그리스인은 올림포스 12신의 핏줄을 이어받은 자신들을 고귀한 존재로 여기고, 다른 모든 민족은 '의미를 알 수 없는 말을 하는 사람들' 이란 뜻의 바르바로이Barbaroe라고 부르며 멸시했다. 페르시아인은 물론이고, 마케도니아가 세력을 확장하던 시기에도 이들을 바르바로이라 비하하는 사람이 적지 않았다.

고대 중국에서도 같은 양상을 보였는데, 중국인은 스스로를 하夏, 화하華夏, 중화中華 등으로 부르며 세계의 중심이라고 자부했다. 자신들과 대등한 국가나 민족은 존재하지 않으며, 모두 적국 아니면 속국뿐이라고 생각했다.

중국 황제가 다른 나라의 군주에게 왕의 작호를 수여하고 군신 관계를 맺으며 생긴 질서를 '책봉 체제'라고 부른다.

중국은 황제의 덕을 공경하며 공물을 가져온 다른 나라의 군주 내지는 사신에게 회사回賜의 형식으로 은혜를 베풀고 작호를 수여한다. 여기에서 회사란 조공의 대가로 주는 답례품을 의미한다.

중국을 중심으로 한 책봉 체제가 세계사에서 특이한 것은 덕德이 관건이 되기 때문에 속국보다 종주국의 부담이 크다는 점이었다.

군신 관계를 맺으면 중국에 조공을 하는 것이 의무이다. 그런데 공물을 받은 덕이 있는 종주국 입장에서는 받은 공물에 대한 등가 교환은 있을 수 없고, 최소한 두 배는 채워서 보내는 것이 원칙이었다. 상대국과의 역학 관계나 거리에 따라 네 배, 심지어 여덟 배의 답례품을 보내기도 했다. 국방상 민간인의 출입국이 금지되어 사무역私貿易이 불가능하던 시대에는 이 조공 형식에 의한 대외 무역만 허용되었다.

즉, 중화사상을 바탕에 둔 조공 무역은 경제적인 채산성을 우선시하지 않았다. 하지만 중국도 재정 압박이 심각한 상황에서는 형편을 따지지 않을 수 없었는데, 북방의 몽골로부터 국경에 마시馬市라는 상설 시장의 설치를 요구받았을 때 명나라는 그 요구를 일축했다. 이미 말의 수가 충분해 굳이 몽골로부터 더 들여올 필요가 없었고, 무역을 하면 할수록 경제적 손실만 더 커졌기 때문이다.

하지만 몽골은 직물, 보리, 차 등 필요한 물품이 많았기 때문에 아무리 거절당해도 끈질기게 거듭 요구했다. 그러다 더는 교섭의 여지가 없다고 판단되면 곧장 실력 행사에 나섰는데, 명의 영내로 침입하여 약탈 행위를 반복했다.

명나라는 반격에 힘썼지만 1449년에 황제가 포로로 잡힐 만큼 참패를 당했고, 1550년에는 베이징성이 며칠 동안 포위되는 굴욕도 맛보았다. 결국 명나라는 뜻을 굽혀 몽골 군주에게 왕의 작호를 주고, 마시의 설치를 인정함으로써 평화로워졌다. 몽골만이 아니라 당시 북방 민족이 중국을 침공하는 이유는 대체로 비슷했다. 유목 생활을 했기 때문에 부족한 물품은 무역이나 약탈로 손에 넣을 수밖에 없었다.

하지만 전통적인 책봉 체제는 만주족에 의한 정복왕조(중국의 일부 또는 전부를 이민족이 정복하여 세운 왕조—옮긴이)인 청나라에서도 변함없었고, 무역 확대를 요구하기 위해 찾아온 영국 사절단에게 황제 건륭제乾隆帝는 다음처럼 냉정하게 말했다.

"중국은 토지가 광대하여 부족한 물품이 존재하지 않는 '지대물박地大物博(땅은 넓고 물자는 풍부하다)'의 땅이다. 은혜로운 마음으로 하사하는 물품을 고맙게 받아 들고 돌아가라."

하지만 후에 돌이켜보면 건륭제의 태도는 너무 교만했다. 당시 중국의 국내총생산GDP은 세계 전체의 4분의 1을 점했다고 추정되는데, 중국으로부터 차와 다기 수입을 늘리고 싶은 영국은 그대로 물러나지 않았다. 인도와의 삼각 무역을 통해 중국으로 아편 밀수가 급증한 것도 영국 사절단의 알현 직후부터였다.

지폐의 탄생

지폐가 화폐의 주역이 되기까지의 긴 여정

마르코 폴로Marco Polo의 《동방견문록》에는 '원나라의 대한大汗이 어떻게 종이를 화폐로 사용하고, 그것을 전 영토에 통용시켰는지'에 대한 내용이 있다. 처음 목격한 지폐와 그것이 화폐로 널리 유통되는 현실에 폴로는 상당히 놀라워했다. 왜 금속도 아닌 보통 나무껍질로 만든 얇은 종이에 그런 가치가 담겨 있는가 하고 말이다.

지폐의 탄생은 이보다 조금 더 이전으로 거슬러 올라가는데, 세계에서 가장 오래된 지폐는 중국에서 만들어졌다. 1023년 쓰촨 지방에서 유통되었던 교자交子라는 민영 어음을 국가에서 관리하기 시작한 것을 시초로 간주한다. 바로 황허 중류 지역의 카이펑에 수도를 둔 북송 시대의 일이다.

복잡한 세상을 명쾌하게 풀어 주는 수학적 사고의 힘

그림으로 이해하는
일상 속 수학 개념들

왜 주사위는 육면체일까? 피라미드 설계자가 삼각형과 사랑에 빠진 이유는? 대학 순위에는 어떤 통계 이론이 숨어 있을까? 수학을 다루고 있지만 수학 문제나 해설은 단 하나도 나오지 않는 '이상한' 수학책. 수학은 만인의 것이어야 한다는 믿음을 토대로 알록달록 이상한 그림과 유쾌한 농담을 활용해 수학의 개념과 원리를 쉽게 풀어서 설명한다.

이상한 수학책
벤 올린 지음 | 김성훈 옮김 | 24,000원

저절로 개념이 잡히고 수학이 흥미로워지는 두뇌 트레이닝 퍼즐북

드디어 수학과
친해질 기회가 찾아왔다!

최고의 퍼즐북이라는 찬사를 받으며 퍼즐 마니아들에게 짜릿한 희열을 선사했던 《이 문제 풀 수 있겠어?》의 저자 알렉스 벨로스가 다시 찾아왔다. 풍부해진 스토리텔링으로 읽는 재미는 더 강력해졌고 엄선된 퍼즐로 문제 해결의 순간은 더 짜릿해졌다. 퍼즐만 풀었을 뿐인데 수학 사고력이 저절로 자라나는 매력에 흠뻑 빠지게 될 것이다.

그래서 이 문제 정말 풀 수 있겠어?
알렉스 벨로스 지음 | 서종민 옮김 | 16,500원

현대 사회를 만든 정밀 기술의 치열한 역사

세계를 바꾼 성과 뒤 숨어 있는 도구와 기술의 발전사

베스트셀러 작가 사이먼 윈체스터가 정밀성을 발전시켜 온 '완벽주의자들'의 뒷이야기를 꼼꼼하게 찾아 신선하고도 흥미로운 이야기를 펼쳐 보인다. 18세기 산업 혁명과 함께 정밀성이 시작된 시점부터 우주를 대상으로 한 정밀성까지, 미시사적 관점에서 역사와 과학을 절묘하게 연결해 지적 호기심이 충만한 독자들을 사로잡는다.

완벽주의자들
사이먼 윈체스터 지음 | 공경희 옮김 | 22,000원

유럽 역사학 최고 지성의 30년 연구가 응축된 역작!

한 권으로 읽는 시간의 탄생과 역사 그리고 미래

3000여 년의 문명사 동안 '시간'이라는 개념과 이를 대하는 관점이 어떻게 변화해 왔는지 밝혀낸 책. 유럽 역사학계 최고의 지성 알렉산더 데만트 교수의 30년 연구가 응축된 역작으로 우리가 알아야 할 시간에 대한 모든 지식은 물론 인류 문화사의 수많은 요소와 불가분의 관계에 있는 시간에 대한 모든 것을 생생하게 살펴볼 수 있다.

시간의 탄생
알렉산더 데만트 지음 | 이덕임 옮김 | 32,000원

종말의 눈으로 인류 생존의 역사를 조망한다!

팬데믹, 세계대전, 대공황까지······ 우리는 언제나 위기를 살고 있었다!

선구적인 팟캐스터이자 오디오 콘텐츠계의 황제라고 불리는 저자 댄 칼린은 우리가 벗어날 수 없었던 '인류의 생존'이라는 가장 절실하고도 중요한 주제에 대해 끊임없이 질문한다. 인류 최초의 문명이 등장한 이래 고도로 문명이 발달한 지금에 이르기까지 역사 속에서 반복됐던 수많은 위기와 사건들을 인류가 어떻게 헤쳐 나갔는지 알려 준다.

하드코어 히스토리
댄 칼린 지음 | 김재경 옮김 | 18,000원

나카노 교코가 절묘하게 찾아낸 명화 속 욕망 가득한 순간들

그림 속 은밀하게 감춰진 인간의 또 다른 본성을 읽다!

'무서운 그림' 시리즈 등으로 수많은 독자에게 오랫동안 사랑받아 온 나카노 교코가 이번엔 '사랑, 지식, 생존, 재물, 권력'을 향한 다섯 가지 욕망을 들고 돌아왔다. 스물여섯 점에 달하는 명화 속 감춰진 이야기를 꼼꼼하게 들여다보는 과정은 욕망을 향한 인간 태초의 모습과 그간의 업보까지 자연스레 살피는 흥미로운 시간이 되어 줄 것이다.

욕망의 명화
나카노 교코 지음 | 최지영 옮김 | 15,000원

왜 지폐는 쓰촨성이라는 내륙 지역에서 탄생했을까? 그 배경에는 이곳이 차茶의 거대 산지라는 점, 동전보다 주로 철전을 사용하는 지역(쓰촨 지방은 동전을 만드는 구리의 산출량이 적고 철의 산출량이 많은 지역이다.─옮긴이)이라는 점과 관련이 있다.

세계에서 가장 오래된 지폐로 추정되는 교자

당나라 시대 말 쓰촨 지역에서는 기부포寄附鋪라고 불린 금융업자가 돈이나 금, 은, 비단을 맡아 보관하고 교자라는 보관 증서(어음)를 발행했는데, 그 어음이 통화 대신 시장에서 유통된 바 있다.

북송 시대에 민간 금융업자는 교자포交子鋪 또는 교자호交子戶라고 불렸으며, 쓰촨성의 중심 도시 청두에서는 부호 16가문이 관리로부터 독점권을 획득하였다. 이들은 조합을 만들어 신용도를 높이는 등 쓰촨성의 다른 지역을 압도하게 된다. 하지만 철전은 동전보다 무거워 사람들은 교자를 더 많이 사용했고, 그러다 보니 동전 수급이 제대로 이루어지지 않았다. 또한 지역 조합만으로는 신용도에도 한계가 있었다. 이를 틈타 송나라 조정은 1023년에 교자를 관영 통화로 바꾸게 된다.

수요가 없는 곳에 공급이 생길 리가 없듯이 쓰촨성 지역에서 지폐가 탄생한 배경에는 차와 소금의 생산 및 거래가 많아 통화 수요량이 많았음에도 불구하고, 무거워서 휴대가 불편한 철전이 주류였다는 사정이 있었다. 분지보다 산악 지대가 많은 이 지역에서는 좀 더 가볍고 갖고 다니기 편하거나 이를 대신할 수 있는 화폐가 필요했다.

쓰촨성에서 탄생한 지폐가 전국으로 퍼진 배경에는 화북 지역의 상업 도시 탄생 및 상업의 전반적인 발전과 관련이 있었다. 그 이전까지는 정치적, 군사적 성격이 강했던 것에 비해 북송 시대에는 많은 도시가 점차 상업 도시로 변모하고 농촌 지역에서도 정기적 또는 상설 시장이 개설되었다.

이러한 변화의 원천은 변방을 방어해야 하는 송나라의 외교 정세 상황에서도 찾을 수 있다. 당시 송나라는 북쪽으로 거란, 서북쪽으로 서하西夏(본래 명칭은 대하大夏)와 국경을 접하고 있었는데, 어느 쪽으로도 열세였던 북송은 물자 보급이 끊기면 안 되는 상황이었다. 이는 결과적으로 물류 전체 흐름의 활성화로 이어졌다. 군사적으로 열세인 북송에서 세계에서 가장 오래된 지폐가 탄생했다는 것은 역사적으로 아이러니한 일이다.

북송을 무너뜨린 금나라와 남송을 멸망시킨 원나라에서도 지폐의 편리성을 인정받았다. 하지만 군웅할거雄割據 시대가 되면 국가 주도의 관영 통화는 휴지 조각이나 다름없는 등 지폐가 화폐의 주역이 되기까지는 오랜 시간이 필요했다.

한편 서양으로 전파되는 것 역시 오랜 세월이 걸렸다. 지폐가 유통되려면 대전제로 종이가 없으면 안 된다. 실용적으로 사용할 수 있는 종이는 후한 시대의 중국에서 발명되었고, 751년 벌어진 탈라스 전투에서 포로로 잡힌 당나라 제지 기술자에 의해 제지법이 아랍 세계로 전해졌다. 그 후 북아프리카와 모로코를 거쳐 이베리아반도로, 다시 시칠리아를 거쳐 이탈리아로 전파되었다. 이 두 경로를 통해 종이가 유럽 대륙에 전해진 것은 12세기 중반이었다.

이후 유럽에서 지폐가 탄생하기까지는 또 오랜 시간이 걸렸는데, 유럽에서 가장 오래된 지폐는 18세기 초 스코틀랜드 출신의 재정가 존 로John Law가 프랑스 재무총감직에 있을 때 발행한 '은행권'이라는 설, 1661년에 스톡홀름에서 발행된 '금은 예탁 신용 증서'라는 설 등이 있다. 어느 쪽이든 아주 멀고 긴 여정이었다.

4

이자의 합법화

이자 징수에 대한 가톨릭 세계의 늦은 대응

이슬람 세계의 은행은 무이자 은행이라고도 불린다. '이자 또는 이자 징수'를 의미하는 리바Riba의 금지가 성전에 명시되어 있기 때문인데, 손해를 볼 수도 있는 배당은 그 범위가 아니다. 위험을 감수하지 않고 이익을 얻는 자세 그 자체가 비난의 대상이 된다.

이자의 금지는 이슬람만의 독특한 조항이 아니고 유대교와 그리스 도교와 같은 일신교 교의에도 담겨 있다. 그 근거는《구약성서》의〈신명기〉속 다음 구절에서 찾을 수 있다.

"같은 동족에게 변리를 놓지 못한다. 돈 변리든 장리 변리든 그 밖에 무슨 변리든 놓지 못한다. 외국인에게는 변리를 놓더라도 같은

동족에게는 변리를 놓지 못한다." (신명 23:20-21)

이에 준해 1179년의 교회법에서는 '이자 받는 것을 성서가 금하고 있으며 그리스도인의 고리 대부는 파문에 처한다'고 정했다. 이 때문에 고리 대부 업계는 유대인의 독무대가 되었다. 같은 성전의 같은 구절을 근거로 하면서도 다른 대응을 한 이유는 유대인이 그리스도인을 동포라고 인정하지 않았다는 것에 근거한다.

13세기 이탈리아가 낳은 신학자 토마스 아퀴나스Thomas Aquinas도 이자를 '시간을 횡령해서 얻은 부정한 매매'로 간주하는 등 서구 가톨릭 세계에서는 이러한 이자의 부정이 경제 발전의 커다란 장애물이 되었다. 상업 강국인 베네치아나 제노바에서는 이자 금지를 사문화시키려 시도했지만, 교황이 머무는 곳과 가까운 만큼 너무 노골적인 행위는 조심스러울 수밖에 없었다.

초기 그리스도교에서는 이자뿐만이 아니라 부富 자체를 달가워하지 않았다. 복음서에도 신앙에 영향을 미치는 부의 위험성이 반복해서 실려 있는데,《신약성서》의 〈마태복음〉에는 영원한 생명을 얻길 원하는 부자의 이야기(마태 19:18-22)가 나온다.

그 사람은 "살인하지 마라. 간음하지 마라. 도둑질하지 마라. 거짓 증언하지 마라. (⋯) 네 이웃을 네 몸같이 사랑하여라."라는 예수의 가르침을 어려서부터 충실히 지켜 왔는데, 여전히 불안해하며 "아직도 무엇을 더 해야 되겠습니까?"라고 예수에게 물었다. 이에 예수는 "네가 완전한 사람이 되려거든 가서 너의 재산을 다 팔아 가난한 사람들에게 나누어 주어라. 그러면 하늘에서 보화를 얻게 될 것이다. 그러니 내가 시키는 대로 하고 나서 나를 따라오너라."라고 대답했다.

그러자 그 사람은 슬픈 기색을 띠고 근심하며 갔다는 이야기인데, 현세에서 축적한 부는 의미가 없고 내세를 위한 투자로 써야 한다는 가르침이 여실히 드러나 있다.

이자를 둘러싼 문제에 커다란 돌파구를 연 것은 16세기에 시작한 종교 개혁이었다. 이자 금지에 영향을 미친 것은 독일의 마틴 루터Martin Luther가 아니라 프랑스 출신의 장 칼뱅Jean Calvin 쪽이다.

칼뱅의 주의나 주장은 칼비니즘Calvinism이라고 총칭하는데, 그는 '신의 영광을 나타내기 위해서라면' 부의 축적이나 이자 부과 및 징수를 용인했다. 부는 그 자체를 증대시키기 위해서가 아니라 가난한 사람을 돕기 위해서 존재한다. 부자는 신으로부터 위탁받은 부를 다른 사람을 위해서 사용함에 따라, 또 가난한 자는 부자가 재산과 화폐의 노예가 되는 것을 막는 등 다른 사람을 위해 일할 기회까지 얻도록 돕게 함에 따라 함께 신의 영광을 드러낸다고 설명했다.

교리적으로 이윤 추구 활동에 대한 보증을 얻게 되자 이후 개혁파를 신봉하는 국가만이 아니라 루터파를 신봉하는 국가에서도 상업과 금융업이 크게 번성하게 되고, 유럽 내의 세력 지도를 크게 바꾸었다.

한편 가톨릭 세계의 대응은 더뎠는데, 1745년 교황 베네딕토 14세의 회칙에 의해 공공선公共善에 반하지 않는 선에서 이자는 정당한 것으로 간주되었다. 하지만 프로테스탄트 국가들에게 뒤쳐진 200년이라는 세월 동안 경제적 격차는 상당히 벌어졌고, 그 영향력은 유럽 연합인 EU 성립 후에도 여전히 남아 있다.

5

인도양 교역

이슬람 상인에 이은 서구 열강의 진출

인도양은 아시아, 아프리카, 오세아니아의 세 대륙에 둘러싸인 큰 바다로, 동서 교역의 주요 통로이기도 했다. 육로보다 바닷길이 훨씬 더 많은 물품을 운반할 수 있었기 때문이다.

고고학적 조사 결과에 따르면 메소포타미아 문명 지역과 인더스 문명 지역 사이에 교역이 이루어지고 있었음을 알 수 있다. 문헌으로는 1세기 후반 이집트에 머물던 그리스인이 저술한 작자 미상의 《에리트레아 항해지》Periplus Maris Erythraei가 인도양 교역에 관해 상세히 전해 주는 가장 오래된 기록인데, 여기에서 그리스 상인이 인도 아대륙 남동해안과 스리랑카까지 진출했음을 엿볼 수 있다.

중국의 후한 왕조는 지금의 베트남을 남방 국가들과의 외교 창구로 삼았다. 육로가 차단된 159년과 161년에는 인도가, 166년에는 고대 로마제국의 사절단이 베트남을 통해 중국을 방문하곤 했다. 《후한서》에는 "대진국大秦國 안돈왕安敦王이 사절단을 파견했다."라고 적혀 있다. 여기에서 대진국은 로마제국을, 안돈왕은 5현제의 최후를 장식한 마르쿠스 아우렐리우스 안토니우스Marcus Aurelius Antoninus를 지칭한 것으로 추정된다.

그리스 상인과 로마 상인의 활동이 뜸해지기 시작하자 인도양 교역의 주역은 인도 상인과 이란 상인의 손으로 옮겨 갔다. 당시 인도 상인은 문화 대사의 역할도 담당하여 동남아시아 전역에 상좌부불교가 널리 퍼지도록 했다. 현재 인도네시아 발리섬이나 캄보디아 앙코르와트에 힌두교 사원 유적이 남아 있는 것도 그 때문이다.

이후 이슬람 세력이 아라비아반도에서 서아시아를 제압하고부터는 아랍 상인들도 인도양 교역에 참여하여, 9세기에는 중국의 광둥 지역에 대규모 공동체를 형성하기에 이르렀다. 그보다 규모는 작지만 푸젠성의 항구 도시 취안저우와 저장성의 항저우에도 공동체가 있었고, 그들을 위한 이슬람교 사원(모스크)인 청진사清眞寺도 건축되었다.

무슬림 상인이 아프리카 대륙 동해안에도 판로를 넓히면서 인도양이 '이슬람의 바다'인 시기가 오래 이어졌다. 이 상황을 바꾼 것은 15세기 말, 아프리카 대륙 남단의 희망봉을 우회하는 인도 항로를 개척한 포르투갈이었다.

포르투갈은 후추 생산의 중심지인 인도 서부 연안의 고아, 동남아

포르투갈의 인도양 무역 거점

시아의 최대 교역 거점인 말레이반도 남서부의 말라카(지금의 믈라카), 가장 비싼 향신료였던 정향丁香의 산지인 말루쿠제도의 트르나테섬, 시나몬의 산지인 실론(지금의 스리랑카)의 콜롬보 외에도 페르시아만의 출입구에 위치한 호르무즈해협의 실권도 장악해서 인도양의 새로운 패자가 되었다.

　하지만 포르투갈은 큰 약점을 안고 있었다. 광범위하게 흩어진 교역 거점을 계속 확보해 나가기에는 인구가 너무 적었다. 16세기 초 포르투갈의 총인구는 많게 어림잡아도 200만 명 정도였다. 5명 중 1명이 해외로 나간다 해도 모든 교역 거점을 유지하기란 불가능했다. 게다가 신흥 세력인 네덜란드가 빠르게 세력을 키워 가자, 포르투갈은 인도양 교역 무대에서 점차 밀려나 남중국해에서 간신히 마카오와 동티모르를 확보했다. 이후 포르투갈은 남아메리카의 브라질 경영에 전념하게 된다.

네덜란드의 해외 진출은 결과적으로 스페인과 포르투갈의 뒤를 쫓는 형태가 되었지만, 당시 네덜란드 상황에서는 인도양 교역에 적극적으로 참여할 수밖에 없었다. 15세기 말부터 네덜란드는 합스부르크 가문의 영지가 되었고 1555년에는 스페인-합스부르크가의 판도에 편입되었다.

하지만 1568년부터 80년 전쟁이라 불리는 독립 전쟁에 돌입하자 스페인과의 교역이 단절되면서 스페인령의 모든 항만을 사용할 수 없게 된다. 네덜란드는 포르투갈로 눈길을 돌렸지만, 1580년에 스페인과 포르투갈이 동군연합同君聯合(한 군주 밑에 둘 이상의 나라가 결합된 상태-옮긴이)을 하면서 포르투갈을 경유한 수입로도 차단당했다.

교역로가 통제되자 나타난 가장 곤란한 문제는 향신료의 부족이었다. 고기를 보존하는 데 꼭 필요한 향신료가 바닥나면 식량난에 휩쓸릴 게 뻔했다. 네덜란드에 남은 선택지는 대항해 시대가 시작되기 이전의 판로, 즉 오스만제국과 이탈리아의 제노바를 경유한 물품을 상대가 부르는 값에 구입하든가, 독자적인 교역 루트를 개척하든가 둘 중

하나였다.

그 결과 해상 활동에 자신 있던 네덜란드는 후자의 방법을 선택하였고, 포르투갈이 구축한 거점을 차례차례 점거하는 형태로 인도양 교역 무대를 주름잡게 되었다.

6

네덜란드의 성쇠

헤게모니 국가가 심각한 경제적 타격을 입기까지

15세기는 유럽사의 커다란 전환기였다. 기원전 이래 지중해 중심이었던 경제 무대가 북해와 발트해 연안으로 옮겨 갔다는 의미이다. 가장 큰 원인은 지중해 연안에 목재가 고갈된 탓이다. 다시 말해 선박을 만드는 데 꼭 필요한 삼림 자원이 사라졌다는 말인데, 벌채만 할 줄 알았지 나무를 심는 습관이 뿌리내리지 않았던 것이 치명적인 원인이었다.

한편 북해부터 발트해 연안까지는 여전히 삼림 자원이 풍부했기 때문에 얼마든지 선박을 만들 수 있었다. 따라서 그때까지 베네치아나 제노바 같은 이탈리아 도시들이 독점했던 지중해 무역은 네덜란드나 북유럽의 선박을 통해 활발히 이루어지게 되었다.

원래 네덜란드라는 명칭은 '낮은 땅'을 뜻한다. 유럽 북부와 중부에는 프로테스탄트, 남부에는 가톨릭 신자들이 많았는데, 스페인이 기존의 관대하던 종교 정책을 바꿔 프로테스탄트를 강하게 압박하자, 남부 지방(후에 벨기에로 독립)의 프로테스탄트 주민이 대거 북부 지방으로 도망쳤다. 그들 대부분은 부유한 상인, 금융업자, 수공업자 등이었다. 여기에 유럽 내 교역으로 쌓인 고도의 항해 기술과 자본이 결합하여 네덜란드가 경제 대국으로 발돋움하는 토대가 만들어졌다.

네덜란드는 15세기 말 스페인으로부터 유대인 난민을 대거 받아들이기도 했는데, 유대인의 막강한 자금력이 네덜란드의 성장에 기여했음은 부정할 수 없다.

연구자 중에는 네덜란드를 세계 최초의 헤게모니 국가로 평가하는 사람도 있다. '헤게모니'Hegemonie의 사전적 의미는 우두머리의 자리에서 전체를 이끌거나 주동할 수 있는 권력이나 주도권을 뜻한다. 즉 헤게모니 국가는 약소국을 식민지로 삼아 병합하는 것이 아니라, 물류 시스템을 완전히 장악하는 방식으로 수고와 비용을 최대한 줄인 상태에서 많은 국가나 지역을 마음대로 조종할 수 있는 국가를 뜻한다.

하지만 네덜란드가 포르투갈을 뒤따랐듯이, 머지않아 네덜란드를 뒤이어 강력한 라이벌 국가들이 나타난다. 바로 육로로 가까운 프랑스와 80년 전쟁 중에 여러모로 지원해 주었던 영국이다.

네덜란드가 독립을 달성한 후부터 영국과의 관계는 계속 요동쳤다. 양국 군주가 혼인 관계를 맺기도 했지만, 청교도 혁명이 시작되면서 영국 내 사정이 급변하는 상황에 따라 영국과 네덜란드의 관계는 전쟁과 화친이라는 양극단을 반복했기 때문이다.

이때 프랑스에서는 루이 14세Louis XIV라는 야심만만한 국왕이 즉위했다. 그는 '자연 국경설(프랑스의 국경은 신이 결정하였고 그것이 자연환경으로 표시되어 있다는 사상. 프랑스 국경은 서쪽의 대서양과 동쪽의 라인강, 남쪽의 피레네산맥 및 알프스산맥이며, 이 사상은 방어에 유리한 지형으로 국경선을 결정지으려는 현실적인 이유가 밑바탕에 깔려 있었다. ─옮긴이)'을 주창한 것으로도 유명한데, 선왕 치하에서 사실상 재상 역할을 한 리슐리외 추기경에 의해 라인강 자연 국경설이 싹텄고, 이는 적극적인 대외 팽창 정책을 위한 전쟁의 명분으로 내세워졌다.

1667년 5월, 루이 14세의 프랑스군은 스페인령 네덜란드의 플랑드르 지역에 침공하여 순식간에 제압하고 네덜란드와 직접 국경을 접하게 되었다.

이후 네덜란드는 프랑스와 동맹 조약을 맺었는데 내용에 큰 문제가 있었다. 네덜란드가 주장하는 '자유 항행, 자유 무역의 원칙'은 인정받았지만, 네덜란드의 주요 수출품인 각종 모직물 제품에 대해 수출 금지적 고관세가 부과되었기 때문이다.

위협을 느낀 네덜란드는 영국, 스웨덴과 삼각 동맹을 맺음으로써 궁지에서 벗어나고자 했다. 하지만 당시 영국 국왕이었던 찰스 2세 Charles II가 올리버 크롬웰Oliver Cromwell의 공화정이란 이름의 독재 정치 때문에 프랑스로 망명해 있었고, 루이 14세와 절친한 사이였던 점도 재앙이 되었다. 네덜란드는 프랑스에 대한 포위망을 만들 생각이었지

만, 거꾸로 영국과 프랑스의 대對네덜란드 군사 동맹을 만들게 한 셈이
되었다.

　프랑스군이 육로로 거침없이 쳐들어가는 동안 해상에는 영국 해군
이 딱 버티고 있었다. 영불해협의 통행과 양국의 항만 사용이 불가능
해지자 무역 활동은 마비 상태에 빠지고 네덜란드 경제는 심각한 타격
을 입게 된다. 네덜란드가 헤게모니 국가의 위치에서 전락하는 순간이
었다.

7

유럽 국가들의 노예 무역

아프리카를 사이에 끼운 삼각 무역

무역 불균형이 국가 간의 관계 악화로 이어지는 것은 예나 지금이나 다르지 않다. 수입하고 싶은 상품은 많은데 수출 가능한 상품이 없다는 초조함이 영국 산업 혁명의 커다란 도화선이 되었지만, 반대로 상대국이 기계로 대량 생산된 물건에 흥미를 보이지 않으면 문제는 해결되지 않는다. 그래서 영국이 생각해낸 것이 또 다른 지역을 사이에 끼운 삼각 무역이었다.

영국 본토와 서아프리카의 흑인 왕국 그리고 카리브해의 식민지, 즉 대서양을 중심으로 한 이 삼각 무역에서 필요한 것은 바로 흑인 노예였다.

서아프리카의 흑인 왕국에서 사들인 흑인 노예를 카리브해 지역의 플랜테이션 업자에게 팔고, 카리브해 지역에서 사들인 설탕, 담배, 면화 등을 영국으로 가져온다. 그리고 영국에서 제조한 총, 유리구슬, 면직물 등을 서아프리카의 흑인 왕국에 팔아치우는 방식으로 순환하는데, 잉글랜드 북서부의 리버풀 항에서 출항해 한 바퀴를 다 돌 때까지 대략 2개월이 걸렸다.

이러한 노예 무역은 아프리카에 많은 무역 거점을 둔 포르투갈이 열심이었고, 아프리카에 이렇다 할 거점을 갖지 못한 스페인과 네덜란드는 단순히 장사 활동으로 흑인 노예를 사고팔기도 했다. 현재의 카리브해 지역에 흑인 인구가 많은 이유는 이 때문이며, 아이티처럼 스페인 사람들에 의해 퍼진 병원균 때문에 선주민이 사멸한 섬에서는 독립 후, 완전한 흑인 국가가 탄생하기도 한다.

남북아메리카 대륙과 카리브해 지역에 팔린 서아프리카 흑인 노예 수는 1천만 명을 넘었다. 아프리카에서 강제로 잡혀 오거나 팔려서 배에 탄 흑인의 수와 최종적으로 플랜테이션 업자에게 팔린 흑인의 수 사이에는 큰 차이가 있었는데, 인원수가 처음의 약 30~50퍼센트 정도로 줄어드는 것은 당연했다. 그 원인은 '중간 항로Middle Passage(아프리카 서해안과 서인도제도를 연결하는 대서양 횡단 항로로 아프리카 노예들을 아메리카 대륙으로 싣고 가는 바닷길이다. ─옮긴이)'를 건너는 노예선의 열악한 환경과 미지의 땅에 상륙한 흑인들이 얼마나 잘 적응했는가에서 찾아볼 수 있는데, 사슬에 묶인 채 수십 일이나 숨 쉴 틈 없이 배 안에 욱여넣어져 있었으니 상태가 멀쩡한 게 오히려 이상할 정도였다. 하지만 이렇게 흑인 노예 수가 반감해도 충분히 돈을 벌 수 있을 정도로 노예 무역은 크게 이윤이 남는 장사였다.

삼각 무역은 대서양에 한하지 않고 남중국해와 인도양에서도 이루어졌지만 영국의 삼각 무역이 대표적이다.

18세기 영국에서는 차를 마시는 습관이 일반 서민에게까지 널리 퍼져 차와 다기의 안정적인 공급이 필요했다. 하지만 곤란하게도 영국에는 중국인이 탐낼 만한 수출품이 없었다. 그래서 차를 사고 그 대가를 은으로 지불할 수밖에 없었는데, 머지않아 한계에 부딪힐 것은 뻔했다. 은을 대신할 것을 찾지 못한 영국인의 뇌리를 스친 것은 인도산 아편이었다. 이렇게 인도산 아편을 중국으로, 중국의 차와 다기를 영국으로, 영국제 면직물을 인도로 보내는 삼각 무역의 구조가 만들어졌다.

이 흐름이 장기화되자 중국에서는 아편 중독자가 급증하였다. 아편 수요가 늘어나면서 차와 다기만으로는 감당이 되지 않자, 결국 대가를 은으로 지불해야 하는 지경에까지 이른다. 은의 유입에서 유출로 전세가 역전된 것이다.

은의 유출과 아편 중독자의 증가에 골머리를 앓던 청나라 정부는 아편 무역의 단속을 강화했고, 이것은 마침내 1840년의 아편 전쟁으로 이어졌다.

전쟁에서 승리한 영국은 중국과의 무역이 자유화되면 영국의 면직물이 날개 돋친 듯 팔리고 아편 무역에서 손을 뗄 수 있으리라 예상했지만(난징 조약), 중국 내의 유통 사정과 기후 차이 등으로 기대한 만큼

아편 전쟁으로 영국의 희생양이 된 청나라

의 성과는 얻지 못했다. 그래서 1856년 다시 제2차 아편 전쟁을 시작해, 1860년 베이징 조약으로 중국이 더 많은 시장을 개방하고 중국인의 해외 도항 자유화까지 승인하도록 만들었다.

　이에 따라 중국인 노동자의 해외 진출이 본격화되었다. 노동자가 부족한 경우에는 중국인을 강제로 끌고 가는 등 난폭한 방식이 동원되기도 했으며, 그들에게 맡겨진 일도 극심한 육체노동뿐이었다. 이때부터 중국인 노동자를 가리키는 '쿠리'苦力라는 말이 생겨났다. 쿠리의 실상은 흑인 노예보다 다소 나은 정도의 열악한 상황이었다.

8

세계 대공황

세계를 위기에 빠뜨린 미국 주식 시장의 폭락

때는 1929년 10월 24일 목요일이었다. 계속 오르던 뉴욕 주식 시장의 주가가 대폭락했다. '암흑의 목요일'이라 불리는 이 사건은 악몽의 시작에 불과했고 같은 해 9월에 380포인트였던 다우존스 산업 평균 지수가 11월에는 198포인트, 1932년에는 41포인트까지 하락했다.

주식 시장의 폭락은 제조업에도 타격을 입히고, 1930년 말부터는 은행의 도산이 시작되어 금융 공황으로 발전했다. 그 여파가 유럽에도 파급되어 국제적인 금융 공황, 이른바 세계 대공황으로 발전한다. 이로 인해 당시 간신히 회복 궤도에 오른 독일 경제는 또다시 파국을 맞을 수밖에 없었고, 국민의 불안을 교묘히 흡수한 나치 정권의 탄생으로 이어졌다.

'암흑의 목요일'에 이르기 전인 1920년대 미국은 전례 없는 물질적인 번영을 누리던 시기로, 문화적으로는 '재즈 에이지'Jazz Age나 '제2차 도금 시대Gilded Age(남북 전쟁이 끝난 1865년 이후인 1873년 시작되어 불황이 오는 1893년까지 미국 자본주의가 급속하게 발전한 28년의 시대를 말한다. 문학가 마크 트웨인과 찰스 워너가 쓴 동명의 소설《도금시대》The Gilded Age에서 유래했다.—옮긴이)'라고 불렸다. 흑인 음악을 원천으로 삼은 재즈가 백인 사이에서도 크게 유행하고 누구나 소비를 즐기던 때였다.

전등, 전화, 전기냉장고, 수세식 화장실, 라디오가 급속히 보급되는 동안 옥외 화장실은 욕실 안으로 들어가고, 마차는 자동차로 바뀌고, 광고가 소비자의 구매 욕구를 부채질하여 거품 경기와 비슷한 현상이 미국 전역을 뒤덮었다. 주식 거래에 광분하는 사람과 교외에 자기 집을 장만하여 자동차로 통근하는 사람이 많았다. 주식 거래와 토지 전매가 일상이 되고 빚을 내는 것에 대한 거리낌이나 주저함도 사라졌다. 세계사에서 아주 드문, 말 그대로 대중 소비 사회가 도래했다.

그 꿈 같은 나날도 '암흑의 목요일'과 함께 어이없이 무너지고 말았는데, 세계 대공황의 도화선이 된 '이 현상'은 어떻게 발생했을까?

이 점에 대해서는 영국 경제학자 존 메이너드 케인스John Maynard Keynes의 사상이 간접적으로 말해 주고 있다. 케인스 경제학은 불황이나 실업을 극복하기 위해서는 정부의 적극적인 개입이 불가피하며 자유방임은 옳지 않다고 주장한다. 케인스 경제학을 국가가 아닌 국제 사회라는 틀에서 파악한다면 17세기에는 네덜란드가, 18세기부터 19세기까지는

세계 대공황으로 예금을 인출하기 위해 은행으로 몰려든 인파

영국이 헤게모니 국가로 세계 경제를 능숙하게 조정했다. 영국은 19세기 중반 무렵 '세계의 공장'에서 '세계의 은행가'로 변모했는데, 헤게모니 국가로서의 역할을 다하고 있었다.

하지만 19세기 말에는 영국도 경제가 불안해졌고, 극심한 소모전이 된 제1차 세계 대전을 거치며 주도권을 미국에게 넘기게 되었다. 영국의 영향력이 미치는 범위가 두드러지게 줄어들었다.

경제력으로는 미국이 새로운 헤게모니 국가가 되었지만, 미국인 대부분은 별다른 자각 없이 먼로주의를 고집하였다. 유럽을 구세계로 간주하고 그곳이 어떻게 되든 별 상관없다는 자세였다.

제1, 2차 세계 대전 사이에는 헤게모니 국가가 부재했다. 미국은 전쟁 방지를 위해 만들어진 최초의 국제기구인 국제연맹에 참여하지 않았고, 다른 나라에 대한 관심도 낮았다. 1920년대에는 해외여행 열기가 높아졌지만, 그 여행도 지성이나 교양과는 무관해서 견문을 넓히는 데는 어떤 도움도 되지 않았다.

세계 경제의 일체화가 진행되고 주축이 되던 시장이 폭락하자 세계는 위기에 빠진다. 그런 간단한 구도를 이해하는 사람이 세계의 지도자 중에 부재했다. 그렇기 때문에 대폭락이 일어나도 적절한 대처가 불가능했고, 사태를 한층 더 악화시키기만 했다. '암흑의 목요일'이 세계 대공황으로 발전한 배경에는 그와 같은 사정이 있었다.

참고로 유럽의 버블 붕괴는 1637년 네덜란드에서 일어난 튤립 가격 대폭락이 시초였고, 1720년에 영국에서 발생한 '남해 거품 사건'South Sea Bubble이 뒤따랐다.

9

소득의 재분배

격차 사회의 끝에는 어두운 미래만 있다

2016년 미국 대통령 선거의 민주당 예비 선거에서 당선이 확실시되었던 힐러리 로댐 클린턴Hillary Rodham Clinton을 자칭 사회주의자인 버니 샌더스Bernie Sanders가 마지막까지 괴롭혔던 기억이 새롭다. 버락 오바마Barack Obama 정권이었던 2011년 9월 7일에는 뉴욕 맨해튼 월가에서 '월가를 점령하라'는 강령을 내세운 시위가 일어났고, 두 달 넘게 세계 각지에서 비슷한 시위가 벌어졌다. 빈부 격차에 대한 분노가 선진국 젊은이들 사이에서도 극에 달해 무언가 행동하지 않으면 안 된다는 마음을 갖게 했다.

선진국에서 빈부 격차의 확대는 동서 냉전의 종결과 함께 퍼졌다. 그때까지는 공산주의에 대한 공포로부터 자제심이 발동되었지만, 냉전이 끝난 후 최대의 위협이 사라지자 빈자를 전혀 배려하지 않는 탐욕적인 부의 추구가 폭주했다.

이 때문에 신진 경제학자들 사이에서 소득 재분배를 위한 구체안이 제시되었지만, 실현되기까지의 여정은 요원해 보인다.

한편 이와 같은 문제에 대해 우리의 앞 세대들은 어떻게 대처해 왔을까? 실상 국가 정부가 주도권을 발휘하는 일은 적었고, 그 대부분을 종교가 담당한 게 동서고금의 관례였다. 불교, 그리스도교, 이슬람교의 세계 3대 종교에서 특히 그 성격이 두드러졌다.

불교에는 보시布施라는 행위가 있다. 사전적 의미는 '자비심으로 남에게 재물이나 불법을 베푼다'는 뜻으로, 이를 확대한 것이 '사찰 등에 금전이나 물품을 기부하는 일'을 의미하는 기진寄進이고, '자선사업 또는 공공사업 등에 금전이나 물품을 주는 일'을 의미하는 기부寄附도 기진의 연장선상에 있는 행위이다.

기진은 그리스도교에서도 볼 수 있는 말로, 베푼다는 의미와 대동소이하다. 베푼다는 것은 '빈곤 상태의 사람들, 복지 시설, 자선사업 단체 등에 행하는 물질적, 경제적 원조'를 일컫는다. 여기서부터는 동서양에 관계없이, 행정이 미치지 못하는 부분을 종교가 보완하는 구도가 드러난다.

한편 불교 세계와 그리스도교 세계의 중간에 위치하는 이슬람 세계에는 희사喜捨라고 번역되는 말이 두 가지 있다. 자카트Zakāt와 사다카Sadaqa는 둘 다 희사나 구빈세救貧稅로 번역되는데, 사다카가 자발적인 회

사라면 자카트는 종교적 의무의 희사를 나타낸다.

자카트의 본래 의미는 '정화'淨化 혹은 '증가'增加인데, 현세에서 재산의 일부를 내놓음으로써 종교적으로 정화되고, 내세에서의 보상을 증가시킨다는 의미가 담겨 있다. 징수는 정부 기관이 대행하는 것이 일반적이며 농산물이면 수확물의 10퍼센트, 가축이면 양 40마리당 1마리 등 세세하게 정해져 있다.

이러한 종교계의 역할 외에 행정적인 면에서도 근대 이후에는 누진 과세가 도입되었다. 부유한 사람에게 높은 세율을 부과함으로써 세의 공평성을 유지함과 동시에 빈곤층의 불만을 조금이라도 해소하려는 정책이다.

근대 영국에서는 누진 과세의 도입뿐 만이 아니라 상속세의 대대적인 증액을 꾀한 결과, 전통적인 귀족 중에서도 지대地代 수입에만 의존하던 사람들이 일제히 몰락했다. 시대에 맞춰 변혁하지 않으면 살아남을 수 없게 된 것이다.

다시 종교 이야기로 되돌아오면, 현재 러시아에서는 러시아 정교회와 정부가 상호 보완 관계에 있다. 교회가 아무 역할을 할 수 없었던 소련 시대와 달리, 노숙자에 대한 급식 봉사 같은 정부의 행정이 닿지 않는 부분을 교회가 대행하며 정치적 후원을 받는다. 이렇듯 러시아에서는 소득 재분배까지는 미치지 못하더라도 교회와 정부가 서로 윈윈하는 관계에서 방책을 모색하고 있다.

제3장

종교를
파악하면
세계사를
알 수 있다

유대교

주위에 동화되지 않기 위해 특이한 계율을 마련

유대교는 유대인의 민족 종교이고, 이슬람과 그리스도교보다 앞선 일신교이다. 유대교의 성전은 그리스도교에서 말하는 《구약성서》인데, 이는 신화색이 짙어서 역사를 충실히 반영했다고는 말할 수 없다. 다시 말해 이집트에서 노예 상태에 놓인 유대인의 선조들을 구출한 모세가 시나이산 위에서 하느님으로부터 십계명을 받은 것이 유대교의 기원은 아니라는 말이다. 현재는 유대교가 좀 더 후대에 성립된 것으로 추정하고 있다.

기원전 11세기, 유대인의 선조는 이스라엘왕국과 유다왕국을 이루었다. 전자는 기원전 722년 현재의 이라크 북부를 중심으로 한 아시리아에, 후자는 기원전 586년 이라크 남부의 바빌론에 수도를 정한 신바빌로니아에 의해 멸망했고 대부분의 주민이 바빌론과 영내 여기저기에 강제로 끌려갔다. 바로 '바빌론유수'라고 불리는 사건이다.

바빌론유수는 신바빌로니아가 이란의 아케메네스 왕조에 의해 멸망하고 다음 해인 기원전 538년까지 이어졌다. 그동안 유대인의 선조들은 그들의 정체성을 지키기 위해 하나의 종교를 공유하기로 했다. 주위의 이민족에게 동화되지 않도록 상당히 이색적인 교리를 갖추었는데 그렇게 탄생한 것이 유대교라고 생각된다.

유대교는 일신교라는 점에서 특이한 존재였다. 하늘의 신이나 물의 신을 섬기는 것을 당연하게 여겼던 당시의 서아시아에서 굳이 그에 거스르는 신을 만들어 냈기 때문이다. 유일신이라면 전지전능한 존재여야 하므로, 이후 유대 국가의 쇠퇴나 멸망은 모두 신의 탓이 아닌 인간의 불순한 신앙심이나 불신에 대한 신의 벌로 받아들여졌다.

유대교의 교리는 고기와 유제품을 함께 먹어서는 안 된다, 규정된 도살 방법에 따르지 않은 짐승의 고기를 먹어서는 안 된다, 돼지고기는 절대 먹어서는 안 된다 등 식사 규율에 엄격한 편이다. 무엇보다 특이한 점은 안식일에 관한 규정인데, 토요일에는 절대 노동을 해서는 안 된다.

이 규율은 천지창조 때 신이 여섯째 날까지 하던 일을 모두 이루고, 일곱째 날에 쉬었다는 《구약성서》 첫머리에 있는 이야기에서 유래한다. 유대교에서는 일곱째 날을 토요일, 즉 현재의 달력으로 치면 금요일 일몰부터 토요일 일몰까지를 가리키고, 불을 사용하는 작업이나 일정 거리 이상의 이동을 엄하게 금지하고 있다.

이런 독특한 규율 때문에 유대교는 주위로부터 차가운 시선을 받고 차별이나 박해를 당하는 일도 일상다반사였다. 그 때문에 중세에는 교회의 위신을 높이기 위해서, 또 근대 이후에는 내셔널리즘 고양을 위한 희생물로 이용되는 일이 많았다. 특히 나치 정권에 의한 홀로코스트 대학살은 그 극치였다.

하지만 유대인이라고 해서 모두가 유대교를 신봉하는 것은 아니며 엄격한 계율 탓에 그리스도교로 개종하는 사람도 그 수가 적지 않았다. 유대인이라 해도 개종을 했다면 유대인이 아닌 유대계라는 표현을 사용했는데, 거주지가 독일이면 유대계 독일인, 미국이면 유대계 미국인으로 간주했다.

하지만 나치 정권은 그런 상황을 고려하지 않고 끝까지 인종주의를 우선시하여 조상 중에 한 사람이라도 유대인의 피가 섞여 있으면 무조건 유대인으로 간주했다. 이것은 곧 홀로코스트 대학살의 희생자를 늘리는 결과로 이어졌다.

2

불교

각각의 종파가 하나의 종교처럼 발전

세계 3대 종교 중에서 불교는 이색적인 존재이다. 종파의 차이를 초월한 공통적인 성전이 없다. 죽어서 성불하는 것을 목적으로 하면서도, 종파에 따라 가장 중요하게 여기는 경전이 다르기 때문에 성불에 이르는 과정이나 방법이 다양하게 설파되고 있다. 각 종파가 제각각 하나의 종교라고 해도 과언이 아니다.

불교가 탄생한 땅은 현재의 인도이다. 이후 북방불교와 남방불교로 나뉘게 되는데 전자는 대승불교, 후자는 상좌부불교라고 불린다. 상좌부불교는 스리랑카에서부터 동남아시아로, 대승불교는 중앙아시아를 거쳐 중국 대륙, 다시 한국과 일본으로 전해졌다.

한마디로 대승불교라고 해도 전파의 과정에서 변화를 겪는 것은 피

❖ 세계 3대 종교의 차이

	불교	그리스도교	이슬람
성격	여러 신들에 대한 부처의 우위	일신교	일신교
성립 시기	기원전 5세기	1세기	7세기
창시자	붓다(석가)	예수	무함마드
신앙 대상	여러 부처	신, 예수, 성령	신(알라)
성전	여러 불전	《구약성서》, 《신약성서》	《쿠란》, 《하디스》
신앙 시설	절	교회	모스크
목적	해탈	천국행	천국행

할 수 없었다. 토착 문화와 완전히 이질적인 교리를 받아들이기는 쉽지 않고, 각자의 풍토에 맞춰 재구성하지 않으면 사람들의 믿음을 얻기 어렵기 때문이다.

그렇기 때문에 같은 종파라 해도 중국, 한반도, 일본에서 각각 교리가 다른 사례가 생기게 된다. 타력본원他力本願의 정토종이 대표적이다.

일본에는 한반도와 중국 두 방면으로부터 불교가 전래되었는데, 가마쿠라 시대에는 완전히 독창적인 종파들이 탄생하였다. 잇코슈(일향종)一向宗, 니치렌슈(일련종)日蓮宗, 지슈(시종)時宗 등이 가마쿠라 신불교로 총칭된다.

중국에서도 독자적인 변용이 있었다. 승려의 수행에 무술을 도입한 쑹산산 소림사가 그 예인데, 이는 특별히 교단의 무장화를 노린 것이 아니라 엄격한 수행을 견디지 못하고 탈락하는 자가 끊이지 않는 것을 탄식하여, 인도 출신의 달마達磨 대사가 건전한 정신의 전제 조건인 건강한 육체를 단련하고자 무술을 도입한 것에서 유래하였다. 달마는 5세기 사람이었고 이후 소림사 수행승 13명이 당 건국에 관여하는 일도 있었다.

시대가 흐름에 따라 불교계에는 어느 큰 사원에도 속하지 않는 민간 종교도 많이 나타났다. 원나라 말기에 홍건紅巾의 난을 일으킨 백련교가 대표적인데, 이후 백련교의 계보에 속하지 않아도 정부로부터 사교로 인정받은 교단은 백련교라는 이름으로 불리게 되었다.

18세기 말 청나라에서 후베이성, 산시성, 허난성을 중심으로 일어난 대반란을 '가경嘉慶(청나라 인종 때의 연호─옮긴이) 백련교의 난'이라 부른다. 하지만 반란을 일으킨 그들 누구도 스스로 백련교라 이름 붙인 것이 아니며, 그 후예라고 인식하지도 않았다.

한편 백련교로 총칭된 교단들의 교리에는 공통점이 있다. 석가모니의 입적으로부터 56억 7천만 년 후의 미래에 강림해서 중생을 구제한다는 미륵보살을 굳게 믿으며, 인위적으로 강림을 앞당기고자 하였다.

강림을 앞당긴다는 것은 말법시대末法時代, 그리스도교에서 말하는 세기말 현상을 연출하는 것이다. 이를 위해 선택된 방법이 반란이었고, 가장 대표적인 사례가 홍건의 난이었다.

민간 종교의 세계에서는 불교와 도교가 뒤섞인 현상이 두드러지고, 그 경향은 근대에 들어서도 변함이 없었다. 일본의 신불습합神佛習合(일본 고유 종교인 신도神道와 외래 불교의 융합을 가리키는 말—옮긴이)과는 언뜻 비슷해 보이나 실제는 다르며, 당시 중국 민간 종교의 근저에는 사회 개혁 사상이 깔려 있었다. 19세기 말에는 그 교리들이 전통 무술과 결합하였다.

당시 중국에서는 서구 열강의 세력 확대에 따라 그리스도교의 진출 움직임도 활발해졌다. 포교의 거점을 내륙부에도 개설하고 신자를 얻고자 애썼지만, 너무 결과에만 치중한 나머지 문제가 많은 사람을 개종이라는 명목으로 비호하는 일이 잦았다. 이것도 한 원인이 되어 중국 각지에서 반反그리스도교의 기세가 고조되었다.

즉흥적으로 모인 군중만이 아니라 민간 종교 신앙을 가진 무술 단체가 마을을 돌아다니며 이에 가세하였다. 그들은 부적을 태운 재를 마시며 주문을 외우면 원하던 신들이 몸에 빙의해서 칼에 베이거나 총에 맞아도 끄떡없다는 등의 소문을 퍼트렸다. 산둥성과 허베이성에는 갖가지 소문에 혹한 사람들이 대거 모여들면서 관군을 무찌를 만큼의 힘을 갖기 시작했다. 마침내 청 정부로부터 정식으로 인정받은 그들은 의화단義和團이란 이름으로 조직된다.

불교는 평화적인 이미지가 강하지만 과거 중국, 한국, 일본에도 힘이 있는 사찰에는 승병이 존재했고, 현대에도 스리랑카와 미얀마에서 불교와 민족주의가 결부된 폭력이 반복되고 있다. 공덕을 쌓아야 하는 이 세상에서 이와 같은 죄를 거듭하다 보면 언젠가 반드시 그에 상응하는 대가를 치르게 될 것이다.

3

유교와 도교

동전의 양면 같은 보완 관계의 역사

중국의 춘추 시대는 실력주의 세계였다. 많은 사상가가 활약한 가운데 단연 두드러진 사람은 공자公子와 노자老子 두 사람으로, 공자의 가르침은 후에 유가가 되고, 노자의 가르침은 도가가 된다. 배려, 관례, 예절 등 예를 중시하는 유가에 비해 도가의 가르침은 형식주의를 철저히 배제하고 무슨 일이든 그때그때 처한 상황에 맞춰 대처하도록 설파했다. 이렇듯 양자의 가르침은 정반대라고 해도 무방하다.

한나라 시대가 되면 유가도 도가도 각각 시대에 따라 변화한다. 유가에서는 인간의 행위와 천재지변에는 상관관계가 있다는 재이사상災異思想 혹은 천인상관설天人相關說의 사고방식이 제기되었고, 도가에서는 주역, 음양오행설, 신선설 등 신비주의적인 사상이 받아들여졌다. 그 결과 유가의 사상은 유교라고 부르는 편이 어울리고, 도가의 사상도 이후 도교의 모습에 크게 근접하였다.

여기에 새로운 자극이 더해졌는데 바로 불교의 전래이다. 체계적인 세계관을 지닌 불교는 중국 사상계에 큰 충격을 주었고 도가의 후예들은 불교를 본 따 확고한 경전과 교리를 가진 교단 조직을 정비하였다. 후한 말에 황건의 난을 일으킨 태평도太平道나 현재 산시성 남부의 한중 지역에서 위세를 떨친 오두미도五斗米道 등이 그 선봉으로, 양 교단 모두 주술 의료에 의해 신자를 늘리는 방법이 공통점이었다.

5세기 남북조 시대는 도교가 성립되는 시기이다. 중국 사상계에서는 이 무렵부터 유교, 불교, 도교의 융합이 모색되었고 후대에 삼교합일론이 주장되었다. 하지만 이와 정반대의 움직임도 있었는데, 당나라 시대에는 불교보다 도교가 우선시되고 대규모 불교 탄압이 이루어지기도 했다. 그 동기는 당나라 황실과 노자의 성이 같은 이李씨였다는 실소할 만큼 단순한 이유에서였다.

유교는 송나라 시대에 커다란 전환기를 맞이했다. 단순한 질서 유지가 아니라 자기를 연마하고 완성된 덕으로 사람을 다스린다는, 더욱 적극적인 교리가 주류를 점하기 시작했다. 남송 시대의 주희朱熹는 주자학朱子學을 집대성한 인물이다. 그의 사상은 불교와 도교를 의식해서 본래의 유교와 일반적으로 관계가 없는 듯한 우주론을 설파하고, 도덕론을 대담하게 합체시킨 것이 종래의 유가와 다른 점이다. 주자학은 이후 조선 왕조나 일본의 에도 막부에서 학문으로 체계화되고 현재에 이르기까지 깊은 영향을 끼치고 있다.

이렇듯 유교와 도교는 삼교합일의 추세에 있으면서도, 다른 한편으로는 물과 기름 같은 관계가 계속되었다. 현재 중국에서도 변함이 없으며, 사람들은 시의적절하게 잘 가려서 사용해 왔다. 단순화하면 표면에는 유교를 내면에는 도교를 몸에 익혀 생활해 온 것이다.

유교는 가부장제 사회를 유지하는 데 적합했고, 이런 유교가 사회 구석구석까지 침투해 있으면 정부 입장에서도 국민을 통치하기에 용이했다. 명나라 태조는 '부모에게 효도하고 연장자를 공경하라' 등 농민의 일상생활에 밀접한 가르침을 유교 사상에서 골라 '육론'六論이라는 이름으로 널리 장려했다. 한편 도교의 교리는 현세 이익적인 특징이 있다. 특히 재물이나 소중한 자식을 갖도록 도와 주거나 병을 낫게 해주는 신이 인기가 많았는데, 돈 때문에 힘들어하지 않고 큰 병 없이 많은 자손과 함께 살아가는 것을 최대의 행복으로 삼는 당대의 가치관이 잘 드러난다.

이후 1910년대 후반에 시작한 중국 신문화 운동 속에서 유교는 대표적인 봉건 시대 악습으로 비판받았다. 하지만 1980년대 이후 개혁 개방 정책을 내세우면서 돈을 버는 것에 최상의 가치를 두는 배금주의 사고가 확산되고 사회 질서의 혼란이 두드러지자, 중국 정부는 태도를 바꾸어 공자를 긍정적으로 평가하고 유교를 민족 전통의 하나로 치켜세웠다. 한동안 부정적인 인식으로 홀대했지만, 현재는 다시 유교의 긍정적인 측면을 부각시키는 상황이다.

밀라노 칙령

박해에도 불구하고 국교로 공인된 그리스도교

먼저 예수의 말씀 두 가지를 살펴보겠다.

"칼을 쓰는 사람은 칼로 망하는 법이다." (마태 26:52)
"누가 오른뺨을 치거든 왼뺨마저 돌려 대어라." (마태 5:40)

모두 폭력을 완전히 부정하는 내용으로, 초기 그리스도교에서는 철저한 비폭력주의를 표방했다. 어떤 박해를 받더라도 폭력으로 응해서는 안 된다는 교리이다.

그리스도교인에 대한 박해라고 하면 '폭군'의 대명사인 로마의 네로 황제가 유명한데, 이때의 박해는 로마시에 한정되었다. 64년에 발생한 로마 대화재의 책임을 그리스도교인에게 억지로 떠넘기면서 시민들의 불만을 억누르려고 했던, 무계획적이고 돌발적인 행위였다. 하지만 그리스도교인이 희생물로 지목된 배경에는 당시의 그리스도교인이 정체를 알 수 없는 컬트Cult 집단으로 주목되었던 점도 간과할 수 없다.

로마제국 전역에서 그리스도교인에 대한 조직적인 박해가 이뤄진 것은 249년에 즉위한 데키우스Decius 황제 때가 최초였다. 박해의 이유는 두 가지로 하나는 그리스도교인이 병역을 거부한 점, 다른 하나는 전통적인 신들이나 역대 황제에 대한 제의를 거부했기 때문이다.

로마제국에서는 뛰어난 업적을 남긴 황제를 사후에 신으로 모시는 것이 관례인데, 유일신을 모시는 그리스도교인에게는 다른 신을 인정할 수 없을뿐더러 제의에 참가하는 일도 당치 않았다. 이는 역대 황제뿐만 아니라 제우스나 마르스 등 로마의 전통적인 신들에게도 마찬가지였다.

그리스도교인의 이러한 태도에 불만이 쌓여 가던 참에 병역 거부 움직임마저 확산되자, 데키우스 황제는 조직적인 대규모 박해를 단행했다. 로마 시민의 일체감이 파괴될 뿐만 아니라 로마군의 약체화를 초래할 우려도 있었기 때문이다.

그리스도교인이 종교적 소수자라는 사실은 313년 2월 밀라노 칙령에 의해 신앙이 공인된 사실에서도 변함이 없었다. 하지만 신앙심의 독실함 면에서는 전통 신앙보다 훨씬 우위였다.

밀라노 칙령은 313년, 로마제국의 서방을 다스리던 콘스탄티누스

1세$_{\text{Constantinus I}}$와 동방을 다스리던 발레리우스 리키니아누스 리키니우스$_{\text{Valerius Licinianus Licinius}}$가 협의하여 공포하였다. 이후 콘스탄티누스 1세는 324년에 로마제국에서 유일한 황제가 되었다. 그는 아직 세례받은 몸이 아님에도 불구하고 교회 내의 의견 차이를 해결하기 위해 공회의(교황이 진행하는 공식적인 종교 회의로 교리나 규율에 관해 토의하고 규정한다.—편집자)를 주최하는 등 그리스도교의 안정이 곧 제국의 안정과 직결된다고 보았다. 그가 임종 직전에 세례를 받고 '로마시를 비롯한 전 이탈리아와 서방 속주를 로마 주교의 지배에 맡긴다'는 기증 문서를 남겼다는 설도 있지만, 이는 중세에 조작된 허위 문서로 판명되었다.

동물 공희供犧(동물을 신에게 바치는 일)를 중심으로 한 전통 신앙은 완전히 자취를 감추었고, 투기장에서 벌어지는 잔혹한 쇼도 점점 꺼리는 사회 분위기 속에서 로마제국은 빨리 새로운 구심력을 찾아야 했다. 마침내 379년에 즉위한 테오도시우스 1세가 결단을 내린다. 이 무렵에는 교회에서도 신도들에게 종군從軍의 의무화 등을 내세우며 타협하는 자세를 보였기 때문에 의외로 빨리 해결되었다.

380년에 테오도시우스 1세 자신이 먼저 그리스도교 신자가 되었고, 392년에는 그리스도교를 국교로 정했다. 이듬해인 393년에 그리스 전통의 올림피아 제전 경기(고대 올림픽)가 개최되었지만, 이교도의 제전이라는 이유로 이때를 마지막으로 금지되었다. 1169년간 293회에 걸쳐 계속되었던 올림피아 제전의 역사는 마침표를 찍게 된다.

동방 교회

서방 교회와는 다른 길, 민족 종교의 색채

그리스도교의 종파는 가톨릭교회와 프로테스탄트교회뿐이라고 생각하기 쉽지만, 실은 이 두 가지보다 더 긴 역사를 가진 종파가 존재한다. 바로 그리스 정교회와 러시아 정교회 등의 동방 정교회이다.

넓은 의미에서는 가톨릭과 프로테스탄트를 서방 교회로 한데 묶고, 동방 교회들과 동방 정교회를 일괄적으로 동방 교회라고 부르기도 한다. 동방 교회들에 대해서는 따로 다루므로 여기에서는 동방 정교회에만 초점을 맞추겠다.

앞서 서술한 콘스탄티누스 1세는 수도를 로마에서 현재의 이스탄불로 옮긴 황제이다. 그전까지 비잔티움이라 불렸던 이스탄불은 이때를 경계로 '콘스탄티누스의 도시'를 의미하는 콘스탄티노폴리

	가톨릭	프로테스탄트
근거	성서, 성전, 공회의의 신조, 교황이 말한 교의	성서
교회 건축	화려, 중후	성상이나 성화 없음
교회 조직	교황을 정점으로 한 감독제	상호 협력에 근거한 합의제
성직자	신부	목사
성사聖事	세례, 견진, 성체, 고해, 병자, 성품, 혼인	세례, 성찬
예배	전례서에 정해진 의식과 영성체가 중심	설교가 중심
주요 지역	남유럽과 라틴아메리카	독일, 북유럽과 스위스, 네덜란드, 스코틀랜드

스Constantinopolis로 이름이 바뀌었다. 콘스탄티노플Constantinople은 영어식 지명이다.

이후 그리스도교는 로마, 콘스탄티노폴리스, 이집트의 알렉산드리아, 시리아의 안티오키아, 팔레스타인의 예루살렘을 5대 총주교좌로 삼아 신도를 늘려 갔다. 하지만 4세기 말에 로마제국이 동서로 양분된 이후 총주교좌들의 관계가 삐걱거리기 시작했다.

7세기에 알렉산드리아, 안티오키아, 예루살렘의 3대 총주교좌가 아랍, 이슬람 군의 지배하에 놓인 뒤부터 로마 교회와 콘스탄티노폴리스 교회 사이의 수위권首位權(가톨릭 모든 주교 가운데 제1의 권한으로 곧 교황이 가진 권한을 이른다.―옮긴이) 다툼이 극심해졌다.

콘스탄티노폴리스 교회는 황제가 있는 수도에 있음을 강조하였고, 로마 교회는 초대 교황으로 존경받는 성 베드로의 순교지임을 강하게 내세웠다.

하지만 4세기에 《신약성서》의 결정판이 편찬되었을 때, 베드로의 순교에 관한 문서는 정전正典에 편입되지 않고 그보다 격이 낮은 외전外典(경외 성경으로 전거典據가 확실하지 않아 성경에 수록되지 않은 30여 편의 문헌―옮긴이)으로 분류되었다.

콘스탄티노폴리스는 라틴어가 아닌 그리스어 문화권에 위치하였기 때문에 6세기 동로마제국, 즉 비잔티움제국에서는 공용어를 그리스어로 변경하였다.

그 이전인 476년에 서로마제국이 멸망하고 유럽에 군림하는 황제가 오직 비잔티움 황제 한 사람뿐인 상황이 계속되자, 로마 교회에 대한 콘스탄티노폴리스 교회의 우위는 한층 확고해졌다.

전전긍긍하던 로마 교회는 프랑크족을 끌어들이며 국면 전환을 노렸다. 800년에 샤를마뉴Charlemagne를 카롤루스 대제에 올린 것도, 962년에 독일 왕 오토 1세Otto I를 신성로마제국 초대 황제로 대관시킨 것도, 자신들의 생존과 콘스탄티노폴리스 교회에 대한 저항심이 빚어낸 결과였다.

결국 1054년 양 교회는 동서로 완전히 분열되었다. 반목이 쌓인 양측은 서로 파문破門(신도로서 자격을 빼앗고 종문宗門에서 내쫓는 일―편집자)을 주고받으며 갈라졌지만 화해의 여지를 남겼고, 당사자들은 이 분열

이 영구화되리라고는 미처 생각하지 못했다.

참고로 동방 정교회의 정식 명칭은 '정통 가톨릭교회'이고, 여기에서 '가톨릭'은 보편을 의미한다.

후원자인 비잔티움제국이 멸망하고 나서는 그리스 정교회를 정점으로 하는 체제가 붕괴되었다. 이후 러시아 정교회나 세르비아 정교회 등 민족별 교회와도 동등한 관계를 형성했다.

현재 동방 정교회의 전체적인 공통점은 교회 내부가 많은 이콘(성화상聖畫像)으로 장식되어 있다는 점이다.

8세기와 9세기에는 이콘이 우상 숭배나 유일신에 대한 부정으로 간주되어 대대적으로 파괴되었지만, 그 폭풍이 지나간 뒤로는 동방 정교회에 없어서는 안 되는 중요한 요소로 끊임없이 계승되었다.

6

정통과 이단

성서 해석을 둘러싸고 수백 년간 이어져 온 논쟁

그리스도교는 일신교이다. 그리스의 전통 신앙처럼 번개신, 바다신, 전쟁신 등으로 나누지 않고 오직 한 명의 신이 모든 것을 관장한다. 그만큼 그리스 신화 속 신들과 다르게 신의 정의는 절대적이었다.

무엇을 바라든 간에, 신에게 향하는 창구가 하나이기 때문에 그 한 곳에만 집중하면 되었다. 하지만 유일신의 존재는 다른 문제를 낳았다. 성서가 구원에 이르는 길을 보여 주는 것이라면 해석이 한 가지여야 했고, 이는 예수와 신의 관계에 대해서도 마찬가지였다.

《신약성서》에서는 예수를 자주 '신의 아들'이라고 부른다. 신의 아들이라면 언젠가는 커서 신이 되고, 그렇다면 두 신이 나란히 존재하는 것일까? 이것은 곧 유일신이라는 교리에 반하는 게 아닐까? 또 결과적으로 예수가 사흘 후에 부활했다고 하지만 신의 아들인 그가 십자가 위에서 죽는다는 것은 어떤 뜻인가? 신과의 관계 속에서 예수를 어떤 위치에 두어야 할까? 이와 같은 문제들을 둘러싸고 어떤 해석이 정통이고 어떤 해석이 이단인가 하는 논쟁이 수백 년 동안 계속되어 왔다.

그런 와중에 예수에게는 신성과 인성 두 본성이 존재하지만 인간적인 의지는 신적인 의지 속에 해소되어 흡수된다는 단의설單意說, 예수에게는 인성이 아니라 인간이 된 신성만 존재한다는 단성설單性說, 성자는 성부와 같지 않다고 주장한 아리우스파 등이 이단으로 추방되었다. 이들 중에는 시리아의 야곱파 교회(시리아 정교회), 이집트의 콥트 교회, 에티오피아 교회, 아르메니아 교회, 아시리아 교회(네스토리우스파 Nestorianism)처럼 현재까지 이어져 온 곳들이 있는데, 이를 동방 교회들이라고 총칭한다.

이처럼 고대 말기의 이단이 예수와 신의 관계를 축으로 생성된 것에 비해, 중세의 이단은 가톨릭교회의 존재에 의문을 제기하였다. 왕후와 귀족은 계속 기진寄進했고, 스스로 영주가 된 중세의 교회는 '모든 것은 신의 영광을 위해서'라며 성직자가 화려한 예복을 입고 화려한 장식으로 교회 건물을 치장하였다. 이를 비판하는, 극단적일 정도로 청빈을 추구하는 성직자와 그 신도들은 이단으로 몰리게 된다.

중세 시대에 이단으로 맨 처음 부각된 교파는 10세기, 현재 불가리아에서 시작한 보고밀파Bogomiles였다. 결혼, 육식, 음주의 금지는 그렇다 쳐도 세례, 십자가, 기적, 성당, 교회 조직까지 악마가 만든 것으로 부정하기에 이르자, 동서 양쪽 교회는 이들을 그대로 방치할 수 없었다. 최전성기에는 발칸반도 전역을 빠르게 휩쓸었지만 거듭되는 탄압으로 15세기에 소멸했다.

보고밀파의 영향을 받았는지 여부는 확실치 않지만, 12세기의 서유럽에서는 마찬가지로 청빈을 높은 가치로 여기는 카타리파Catharism가 유행했다. 그중에서도 남프랑스에서 알비파Albigenses의 교세가 크게 확장했는데 살생 금지, 채식주의, 사유 재산과 결혼 부정 등 엄격한 계율을 실천했다. 가톨릭에서는 이에 대항하기 위해 청빈을 내세워 탁발 수도회를 설립한다. 교회의 사치에 대한 불만을 조금이라도 다른 곳으로 돌리기 위한 조치로, 1209년 설립한 프란체스코 수도회와 1216년 설립한 도미니크 수도회가 그 시초였다.

당시의 교황은 인노켄티우스 3세Innocentius III라는 정력적인 인물이었는데, 파문이라는 최후통첩을 들이대며 프랑스의 필리프 2세Philippe II와 잉글랜드의 존John 왕을 굴복시키는 등 교황권의 절정기를 이루었다. 그는 탁발 수도회에 의지하기만 해서는 알비파를 근절할 수 없다고 판단하여 1209년에 알비파에 대한 십자군 결성을 촉구했다.

실제로는 필리프 2세가 진두지휘를 맡았고, 교황은 잉글랜드 존 왕과의 대립에만 몰두하였다. 결국 알비 십자군(1209년 카타리파 및 카타리파를 비호하는 영주들을 모두 공격하기 위해 십자군이 편성되었다. 이 배경에는 프랑스 남부를 완전히 왕권 아래에 두고 싶었던 당시의 프랑스 왕 필리프 2세의 의중이 크게 작용했는데, 이러한 왕의 의도가 알비파의 확대로 고민하던 교황

청의 의도와 일치했다. — 옮긴이)의 원정은 시몽 드 몽포르Simon de Montfort를 비롯한 프랑스 북부 제후들 손에서 시작되어 필리프 2세의 뒤를 이은 루이 8세Louis VIII에게 계승되었다.

루이 8세 입장에서 알비 십자군은 거저먹기나 다름없었다. 왕명에 대한 제후들의 종군 의무는 40일로 정해져 있었지만, 교황의 명령에 따른 성전이면 이야기는 달라진다. 그때까지 파리와 프랑스 중부 도시인 오를레앙을 잇는 지역만 직할지로 보유했던 프랑스 왕은 알비 십자군을 통해 남프랑스도 왕의 영유지로 삼는 데 성공했다.

7

예루살렘

분쟁이 끊이지 않는 성지

중동의 예루살렘은 어떤 의미에서 세계에서 가장 위험한 화약고라고 할 수 있다. 주요 교역로에서 크게 벗어난 데다 생활용수의 자급률이 낮아서 전략적 가치가 없는 땅인데도, 3대 일신교의 성지라는 이유로 치열한 쟁탈지가 되었기 때문이다.

3대 일신교는 성립이 오래된 순으로 유대교, 그리스도교, 이슬람을 가리킨다.

유대교와 예루살렘의 관계는 이스라엘왕국과 유다왕국의 왕위를 겸한 다윗이 선주민에게 탈취한 이 땅을 수도로 정한 것에서부터 시작한다. 이어 솔로몬 왕이 예루살렘에 신전을 세웠기 때문에 더욱 특별한 장소로 여기게 되었다.

기원전 586년 유다왕국이 신바빌로니아왕국에 의해 멸망했을 때, 예루살렘 신전도 파괴되었다. 하지만 아케메네스 왕조의 용인 아래 기원전 515년에 재건되었다. 그 후 예수 탄생 때에 유대왕국의 헤롯Herod 왕에 의해 대대적인 개축이 이루어졌는데, 70년 제1차 유대-로마 전쟁에서 승리한 로마군에 의해 철저하게 파괴되었다. 하지만 이때 기적적으로 신전 바깥의 서쪽 벽 일부만이 파괴를 면했다고 유대인에게 전승되고 있다. 현재 이 벽은 '통곡의 벽'이라 불리며 성역화되었다.

다음으로 그리스도교에서의 예루살렘은 예수의 죽음과 부활 및 승천의 땅이라는 이유로 최대의 성지로 여겨지는 곳이다.

예수의 유해가 묻힌 곳으로 추정되는 유력 후보지는 콘스탄티누스 1세Constantinus I의 어머니 헬레나에 의해 건립된 성분묘聖墳墓 교회의 내부와 시리아의 수도인 다마스쿠스의 문 외곽의 작은 언덕 두 군데이다. 다마스쿠스 문은 예루살렘 옛 성벽의 북문에 해당하며 거기에서 바로 북쪽에 있는 '정원 무덤'이 문제의 장소이다.

정원 무덤은 차치하더라도 성분묘 교회 내부에 있는 예수의 묘를 둘러싸고는 그리스도교의 각 종파 사이에서 관리권 싸움이 치열하고, 오스만제국에 대한 서구 열강의 공세가 강화된 근대부터 현재에 이르기까지 성직자들끼리의 난투극이 끊임없이 반복되었다.

종파마다 관리 구역을 정하면서 상황은 한결 나아졌지만, 애매한 경계 때문에 현재도 크리스마스부터 연말까지는 팽팽한 긴장감이 고조된다. 이 시기에 팔레스타인 자치구 경찰은 언제라도 출동할 수 있도록 긴장의 끈을 놓지 않는다.

관리권을 둘러싼 분쟁은 최후의 만찬 기념 경당과 베들레헴 성탄 교회에서도 마찬가지이다. 예수가 '최후의 만찬'을 했다는 방을 둘러싸고 종파 간의 불필요한 충돌을 피하기 위해 방 열쇠를 무슬림에게 맡기고 있다.

마지막으로 이슬람과 예루살렘의 관계인데 이슬람에서는 예루살렘을 메카, 메디나에 이은 제3의 성지로 여기고 있다.

메카는 예언자 무함마드가 탄생한 땅이자 최초의 계시를 받은 곳이다. 메디나는 교단 조직을 정비하고 무함마드가 임종을 맞은 땅이기도 하다. 그렇다면 예루살렘은 어떤 곳일까? 사실 무함마드와 예루살렘 사이에 직접적인 관계는 없다. 최초의 계시를 받기 전, 그러니까 무함마드가 대상 무역에 종사했을 때 방문했을 가능성은 있지만, 메디나로 거처를 옮긴 후로는 한 번도 방문하지 않았다.

하지만 무함마드가 아직 메카에 있던 어느 날 밤, 메카의 카바 신전에서 천마天馬 브라크를 타고 예루살렘까지 날아가, 그곳에서 승천해 그보다 앞선 예언자들과 이야기를 나누고 신도 알현했다는 이야기가 전해진다. 하지만 왜 그가 예루살렘에서 승천했는지에 대한 설명은 없다.

이슬람에서 예루살렘이 제3의 성지로 여겨진 이유는 조금 더 후대에서 찾아볼 수 있을 것 같다. 결론부터 먼저 말하자면 다마스쿠스를 수도로 삼은 우마이야 왕조의 제5대 칼리프 아브드 알말리크Abd al-Malik가, 무함마드가 천계를 순례하기 위해 날아올랐다고 하는 바위를 뒤덮은 형태의 '바위 돔'을 조성한 것에서 기인하였다. 마찬가지로 무함마드의 착지 지점에 알아크사 모스크를 건축함으로써 예루살렘의 성지화가 단숨에 진행되었다.

알말리크가 이를 추진한 이유는 수니파 입장에서는 제4대 정통 칼리프이자 시아파 입장에서는 초대 이맘인 알리와 그 자손을 지지하는 세력이 메카와 메디나에서 여전히 강성했기 때문이다. 그는 적대 진영의 세력 범위 바깥에 새로운 성지를 만들고자 했고, 무함마드의 승천에 대한 전승에 근거하여 예루살렘을 제3의 성지로 선택했다.

8

종교 개혁

구교와 신교라는 용어의 부적절성

가톨릭을 구교舊敎, 프로테스탄트를 신교新敎라고 부르는 것은 오해의 소지가 있다. 신, 구의 구분은 성립 순서만이 아니라 어쩐지 우열을 가르는 느낌도 들기 때문이다.

중세의 가톨릭이 큰 문제를 안고 있었음을 부정할 생각은 없다. 교회가 부를 축적하고 과시하는 데 광분하고, 성직자가 공공연히 아내 혹은 애인을 두는 모습은 분명히 가톨릭의 권위를 훼손하는 일이었다. 그중에서도 가장 압권은 가톨릭의 총본산인 산피에트로 대성당(성 베드로 대성당)의 개보수 비용을 충당하기 위해 민간에 위탁해서 판매한 면죄부였다. '어떤 죄를 지어도 면죄부를 사면 소멸된다, 성모 마리아를 강간해도 깨끗이 벌을 용서받을 수 있다'는 선전 문구는 정말이지 뜻있는 성직자들의 분개를 사지 않을 수 없었다.

가톨릭의 부패에 대한 격렬한 비판은 14세기 영국의 신학자 존 위클리프John Wycliffe가 목소리를 내기 시작하면서부터였고, 15세기 초반 체코의 얀 후스Jan Hus도 성직자의 토지 소유와 면죄부 판매를 강하게 규탄했다.

그리고 본격적인 종교 개혁이 시작된 것은 1517년 아우구스티누스 수도회 수사이자 비텐베르크 대학 신학부 교수인 마틴 루터Martin Luther가 교회문에 '95개조의 논제'를 붙이고 신학에 대한 공개 토론을 호소한 것이 계기였다.

루터 당사자는 어디까지나 학술 논쟁을 벌일 생각이었지만 교황 측이 과민한 반응을 보이면서, 신성로마제국 황제와 독일 왕 그리고 교황의 이중 지배에 불만을 가진 독일 제후들에게 떠밀리는 형태로 그의 주장은 가톨릭과는 선을 긋는 방향으로 기울어졌다. 이렇게 해서 성서만으로 충실하고(성서만), 구제는 순수한 신앙에 의해서만 이루어지는(신앙만), 신 앞에서의 평등(만인평등)으로 이루어진 프로테스탄트의 3대 원리가 성립하였다.

교회나 성직자는 존재하지 않아도 된다. 즉 교회를 만들지 누구를 성직자에 앉힐지의 판단은 영주가 알아서 하고, 성서의 이해는 각자가 직접 읽고 느끼는 것을 믿으면 된다. 그것이 루터의 주장이었다.

이러한 루터의 주장은 독일 전역과 북유럽으로 전파되었다. 또한 루터가 우상 숭배 금지를 다시 거론함으로써, 단기적이지만 불순물 제거의 명목으로 귀중한 그리스도교 예술을 많이 잃게 되었다. 유일신을 믿고 우상 숭배를 부정하는 이러한 파괴 행위는 8세기부터 9세기 비잔티움제국에서도 볼 수 있는데, 성상화를 의미하는 그리스어 이콘Icon과 파괴를 의미하는 클라오Klao를 합쳐 '이코노클래즘Iconoclasm(성상파괴주의)'이라고 부른다.

　　루터에 이어 스위스 취리히에서 울리히 츠빙글리Huldrych Zwingli, 제네바에서 장 칼뱅이 나타났다. 루터의 교리를 신봉하는 사람들이 루터파 내지는 루터 교회로 불리는 것에 반해, 츠빙글리와 칼뱅을 따르는 교파는 개혁파 교회라고 불리며 프랑스, 네덜란드, 스코틀랜드로 확산되었다. 개혁파의 교리는 칼뱅의 이름을 따서 칼뱅주의Calvinism라고도 불리는데, 위정자가 신의 의지에 반대되는 행위를 했을 때 저항할 권리가 있다고 말하는 저항권 사상, 부의 조건에 대한 긍정, 성서를 직역이 아닌 문맥 속에서 해석해야 한다는 성서 해석이 큰 특징이다.

　　앞에서 서술했듯이 구교, 신교라는 번역 용어를 보면, 자칫 프로테스탄트가 모든 면에서 우위에 있다고 느끼기 쉬운데 프로테스탄트의 '성서 중심주의', '만인 사제론(그리스도를 통하여 성령의 도움으로 하느님께 직접 예배하고 교통할 수 있다는 그리스도교의 교리로, 개신교의 신학 개념이다.─옮긴이)' 원리에는 위험한 함정이 따라 붙는다. 성서의 해석이 개인에게 맡겨지고 누구나 사제가 될 수 있다는 상황이 컬트 교단(유사 종교 혹은 사이비 종교)을 낳는 토양으로 변할 수 있기 때문이다.

　　가톨릭은 교황과 공회의를 정점으로 하는 수직적인 조직이 확립되어 있기 때문에 일탈이 심한 세력은 이단으로 배제 내지는 파문 선고를 받게 된다. 하지만 프로테스탄트에는 그러한 제동 장치가 없다. 프로테스탄트에 의해 건국된 미국의 현 상황만 보아도 그 폐해는 어렵지 않게 알 수 있다.

9

시아파 선언과 와하브 운동

이슬람 부흥의 두 조류

이슬람법에 의해 질서가 유지되는 국가를 만들기 위해 실천하거나 이를 목표로 삼는 운동 혹은 사상을 이슬람주의로 총칭한다. 현재 시아파 국가인 이란과 수니파의 맹주를 자인하는 사우디아라비아가 쌍벽을 이루고 있다.

시아파의 기원은 제3대 정통 칼리프가 암살된 후의 후계자 분쟁에서 비롯되었다. 알리 이븐 아비 탈리브를 지지하는 세력과 시리아 총독 무아위야Muawiyah를 지지하는 세력이 충돌했는데, 쌍방의 대립은 후대로 이어져 결국 680년에 '카르발라의 비극'이 발생했다. 이때 알리의 셋째 아들이자 제3대 이맘인 후사인 이븐 알리Husayn ibn ʻAli를 죽게 했다는 죄책감에서부터 알리의 당파인 '시아 알리'Shiʼa Ali가 생겨났는데, 시

124 •

대가 흐르면서 시아파라고 불리게 된다. 시아파도 하나의 조직이 아니라 최대 세력인 12이맘파Twelver 이외에 이스마일파Ismailism(7이맘파), 알라위파Alawites 등으로 나뉘어져 있다.

이란에서 시아파가 주류가 된 것은 1501년에 성립한 사파비 왕조가 12이맘파를 국교로 삼으면서부터이다.

사파비 왕조의 왕가는 신비주의 교단으로 시작해서 투르크계 유목민 키질바쉬Qizilbash의 무력에 의존하면서 세력을 확장했다. 따라서 국교를 정할 때 키질바쉬인과 이란 주민 모두를 신경 쓰지 않을 수 없었고, 그러한 타협의 산물로 선택된 것이 12이맘파였다.

당시 이란에서는 수니파가 주류였지만, 그 지역의 수니파 주민들에게는 역대 이맘을 숭배하는 관습이 있었다. 이맘은 알리의 직계 자손으로 한정되고, 죽은 후에는 '신'과 '예언자인 무함마드'에 버금가는 대우를 받았다.

한편 고유의 샤머니즘을 믿고 있던 키질바쉬인에게 많은 이슬람 종파와 교단 중에서 가장 받아들이기 쉬운 것이 12이맘파였다. 이렇게 해서 사파비 왕조는 국교를 12이맘파로 정하고, 당시의 시아파 중심이었던 레바논에서 학식이 높은 법학자를 초빙하는 등 명실상부한 시아파 국가로 변모를 꾀하였다. 1979년에 이슬람공화국을 건설한 뒤 이란은 한층 자신감을 갖고 국가의 틀을 뛰어넘어 12이맘파의 보급과 부흥에 애쓰고 있다.

수니파는 이슬람 다수파라고 일컬어지지만 이는 정확하지 않다. 엄

밀히 말하자면 무슬림 전체에서 시아파와 하와리즈파를 빼고 남은 이들을 수니파로 헤아릴 수 있다. 하와리즈파는 알리를 암살한 급진파로, 암살 이유는 알리가 평화 교섭을 받아들였기 때문이었다. 전쟁의 결과를 신의 의지로 믿는 그들의 입장에서 보자면 평화 교섭은 일탈에 지나지 않고 그 죄는 죽어 마땅했던 것이다.

즉 수니파는 하나의 종파가 아니라 기타 다수에게 붙여진 속칭에 불과하다. 여러 칼리프가 난립하게 된 이후부터는 일체감이 완전히 사라졌고, 이슬람 이전의 신앙과 융합하는 일도 드물지 않았다.

그런 상황에 정면으로 반대 의견을 내세운 사람이 18세기에 활약한 이슬람 학자 무함마드 이븐 아브드 알와하브Muhammad ibn Abd al-Waahhāb 이다. 기존의 법학파, 신비주의, 성자 숭배 등을 일탈로 부정하고 그들의 파괴와 박멸을 주장하며 와하브파의 기초를 닦았다. 현재의 사우디아라비아 왕실의 원류에 해당하는 사우드 가문이 와하브의 사상에 동조하고 이를 전면적으로 받아들임으로써 와하브의 사상과 실천은 와하브 운동이라는 이름 아래 사우드가의 성쇠와 운명을 함께 했다.

사우디 제3왕국이 국명을 사우디아라비아라고 바꾼 것은 1932년이었다. 그때까지 아라비아반도에 흩어져 있던 성자 묘는 모두 파괴되었고 한때 메디나에 있었던 예언자의 묘도 예외로 하지 않았다.

메카와 메디나라는 2대 성지 보유국인 데다가 세계 최대의 산유국인 사우디아라비아는 수니파의 맹주만이 아니라 중동, 이슬람 세계의 맹주를 자부한다. 후자의 면에서는 이란과 라이벌 관계에 있다.

와하브 운동의 중심지인 만큼 사우디아라비아는 여성의 말과 행동을 엄격하게 규제하는 등 이슬람 보수파의 아성이기도 하다. 국외에서의 활동에 불투명한 부분이 많고, 미국 9·11 테러 사건이나 시리아 내전에 대한 관여도 의심받고 있는 처지이다.

제4장

지정학을
파악하면
세계사를
알 수 있다

오리엔트의 큰 강

비옥한 초승달 지대

세계사는 세계 4대 문명부터 시작하는 경우가 많다. 하지만 사실 누가 '4대 문명'이라고 묶어 말하기 시작했는지는 이해하기 어려운 일이다.

여하튼 고대 문명이 꽃핀 곳은 전 세계적으로 수십 곳에 이른다. 그 중에서 두드러진 것이 다음 지도에 보이는 4대 문명으로, 모두 큰 강을 끼고 번성하여 독자적인 문자를 발명했다는 점이 공통적이다. 역시 많은 인구가 안정적으로 살아가기 위해서는 홍수나 범람의 위기를 각오하고서라도 큰 강 유역에 마을을 형성할 필요가 있었다.

이집트에는 나일강, 메소포타미아에는 티그리스강과 유프라테스 강이라는 큰 강이 흐른다.

메소포타미아라는 지명은 '두 강 사이의 땅'을 의미하는 그리스어

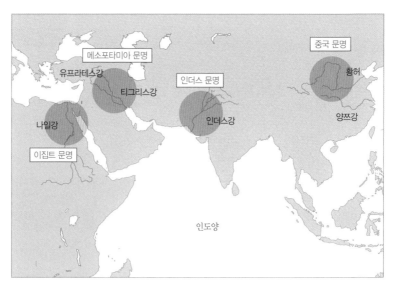

큰 강을 끼고 번성한 세계 4대 문명 발상지

에서 유래했다. 티그리스강과 유프라테스강 모두 현재의 터키 동부 산악 지대에서 발원하여 시리아 동부를 스치고 이라크를 비스듬히 종단해서 페르시아만으로 흘러 들어간다.

당시에는 수많은 사람을 먹여 살릴 수 있는 비옥한 땅이었던 만큼 주위에서 몹시 탐을 내던 곳이기도 했다. 서쪽으로부터의 위협은 적었지만, 북·동·남쪽 세 방향으로부터 침입이 끊이지 않았다. 특히 남쪽의 아라비아반도는 대부분 사막으로 이루어진 탓에 인구가 과잉 상태가 될 때마다 민족 대이동의 물결이 메소포타미아 지역을 덮쳤다. 후의 아랍, 이슬람 군의 침공 역시 그 연장선상에 있다고 봐도 좋다.

메소포타미아의 남부는 바빌로니아, 북부는 아시리아가 번성했고, 그 이전에 바빌로니아 남부에는 수메르, 북부에는 아카드제국이 존재했다. 설형 문자를 발명하고 수메르 문명을 이룬 수메르인이 토착민이었는지 이주민이었는지는 확실치 않다.

도시 국가들이 서로 싸우는 시대가 오래 이어진 뒤 대제국이 흥망을 거듭하는 시대에 접어들었다. 최초의 대제국이라고 부를 수 있는 나라는 기원전 8~7세기 전반까지 전성기를 누렸던 아시리아로, 이를 이은 나라는 아시리아를 무너뜨린 신바빌로니아이다. 그 압도적인 힘은 《구약성서》에도 등장하는데, 당시에 건설된 '바빌론의 공중 정원' 같은 거대 건축물은 '고대의 세계 7대 불가사의'로 꼽힌다.

고대 그리스의 역사가 헤로도토스Herodotos가 남긴 '이집트는 나일강의 선물'이라는 명언처럼 이집트의 역사는 세계에서 가장 긴 나일강 덕분에 굶주림과는 거리가 멀었다.

나일강은 매년 같은 날에 물이 불어나고 같은 날에 빠진다. 수량의 최고점은 다르지만, 정기적으로 범람을 반복함으로써 황폐한 토지를 회복시키는 기능을 하였다. 범람이라고 해도 매우 완만한 속도로 진행되기 때문에 사상자가 나는 일도 없었다.

대표적인 고대 이집트 문명은 거대한 피라미드, 신전, 미라 그리고 히에로글리프Hieroglyph라고 부르는 독특한 상형 문자를 들 수 있다.

한편 이곳도 비옥한 토지 덕분에 끊임없이 주변의 위협에 시달려야 했다. 나일강 상류 지역의 상上이집트가 남방의 누비아Nubia족 지배하에 놓인 시기도 있고, 하류 지역의 하 $_F$ 이집트가 시나이반도를 건너온 힉소스Hyksos라는 아시아계 민족에게 지배당한 시기도 있었다. 또한 서쪽의 리비아에서도 사막의 유목민이 호시탐탐 침공 기회를 노리고 있었다.

고대 이집트의 풍요로움은 음식을 통해서도 알 수 있다. 고추를 제외하면 4000년 전의 이집트인과 현재의 이집트인이 먹는 음식에는 거의 차이가 없다. 심지어 빵을 굽는 방식은 완전히 똑같은데, 이 사실은 지하 분묘에 그려진 벽화에서 확인되었다.

2

황허

양쯔강 문명을 크게 앞선 중원의 중심

중국 문명은 황허와 양쯔강, 이 두 큰 강 유역에서 거의 동시에 탄생했다. 두 지역은 재배되는 주요 작물이 다른데, 양쯔강 하류 지역에서는 논농사가 시작된 것에 반해 황허 중류 지역에서는 피粺나 조粟 등의 잡곡 재배가 시작되었다. 예전에는 벼농사의 발상지가 인도의 아삼 지방이라는 설이 유력했지만, 최근 발굴 조사 결과 양쯔강 하류 유역이 정설로 간주되고 있다.

황허와 양쯔강의 공통점은 일부를 제외하고 물줄기가 완만하다는 점이다. 양쯔강의 폭이 가장 넓은 곳에서는 건너편 강기슭이 보이지 않아서 호수로 착각될 정도이다. 하천은 물줄기가 보이는 것이 당연하다고 생각하기 쉬운 사람들에게 중국의 두 강은 외형만으로도 놀랍다.

거의 같은 시기에 중국 문명이 탄생했지만, 이후 황허 유역과 양쯔 강 유역에서의 발전 과정에는 큰 차이가 생겼다. 현재의 쓰촨성 지역인 양쯔강 하류에서는 독자적인 청동기 문명이 번성했지만, 그 문명이 쇠퇴한 후 한동안 역사의 공백이 있었다. 춘추 시대에 양쯔강 중류 지역에서는 초, 하류 지역에서는 오와 월이 나라를 세우고 강국의 대열에 끼기까지의 역사는 명확히 밝혀지지 않았다.

중국 최초 왕조인 은나라는 황허 중류 지역에서 시작되었으며, 그 이전의 역사는 다분히 신화적 색채가 농후하다. 삼황오제三皇五帝로 총칭되는 성군이 교대로 통치했다고 전해지는데, 당시 군주들의 공통 과제 역시 황허를 필두로 하는 하천의 치수 사업이었다. 홍수나 범람을 사전에 막기 위해서 얼마만큼 심혈을 기울였는지가 성군을 판가름하는 큰 기준이었기 때문이다.

중국 신화 중에서 가장 흥미로운 것은 황제와 염제炎帝라는 두 성군의 존재이다. 황제는 현재의 허난성, 염제는 산시성을 중심으로 숭배되는 신인데, 신화 연구자 중에는 황제를 부족신으로 섬기는 세력과 염제를 섬기는 세력이 혼인 관계를 거듭하며 일체화되어 한족韓族의 원류가 된 것이라고 주장하는 사람들도 있다. 그래서 현재의 한족을 가리켜 '황제와 염제의 자손'이라 표현하기도 한다.

하지만 역사와 민족은 그렇게 단순하지 않다. 은 왕조를 중국 최초의 왕조라고 하지만 한족의 왕조로 단정하는 것에 의문을 표하는 견해도 있다. 실제 은 왕조의 왕실을 한족의 선조가 아닌 현재 중국 서남부

소수 민족 중 하나인 이족彝族으로 간주하는 연구자가 있다. 이족은 티베트-버마어족의 흐름을 이어받았기 때문에 한족과는 피부색이나 언어도 상당히 달랐을 테지만, 한자 문화를 받아들였다면 교류에 지장은 없었을 것이다. 20세기 중반까지 노예제를 유지하고 있었던 점도 은 문화의 흔적으로 볼 수 있다.

덧붙이자면 은나라가 멸망한 뒤, 남은 왕실을 중심으로 허난성의 한 지역에 영토를 받아 송宋이라고 칭했다. 송은 기원전 286년 전국 시대에 무너졌는데, 살아남은 백성이 남하해 서남부의 산악 지대에 정착하고 노예제를 계속 이어 갔다는 것이 전혀 불가능한 이야기는 아니다.

은 왕조를 무너뜨리고 새 왕조를 세운 나라는 주나라인데, 주의 옛 땅은 현재의 산시성 중서부 지역이다. 중화사상의 관점에서 서방의 이민족은 융戎, 즉 오랑캐로 간주했기 때문에 주나라 왕실도 지리적으로 따지자면 오랑캐 중 하나였다.

진나라 왕실 역시 산시성 중서부 출신으로, 진 시황제의 먼 조상인 비자非子는 말과 가축을 좋아하고 사육과 번식에도 뛰어났다고 하니 융의 피를 짙게 이어받았을 가능성이 크다.

한편 현재 중국 남부나 동남아시아의 화교 및 중화인 사회에는 하카客家라고 불리는 사람들이 많이 거주하는데, 그들은 자신들이 바로 한족의 순수 혈통이라고 자부하고 있다. 북방 민족의 지배를 피해 일족을 이뤄 남으로 이주를 반복한 결과 광둥성, 푸젠성, 쓰촨성에 흩어져 살게 되었다는 것이다. 이를 뒷받침하듯 하카의 말은 방언 차이가 적어 거주하는 지역이 달라도 대화하는 데 어려움이 없다.

하카의 얼굴 생김새는 현재 화북 지역의 한족과는 뚜렷이 다르다. 이를 한족의 순수 혈통을 지키고 있다고 볼지, 동남아시아계 민족들과의 통혼의 결과로 볼지는 연구자들 사이에서도 의견이 갈리고 있다.

3

지중해

지중해를 정복하는 자가 세계를 제패한다

영국의 스톤헨지, 아일랜드의 뉴그레인지, 프랑스 북서부의 카르나크 열석은 모두 이집트 기자 지역의 3대 피라미드보다 앞서 만들어졌다. 비슷한 유적은 포르투갈 남부 에보라 주변과 사르데냐섬, 몰타섬, 고조섬 등 지중해 세계에서도 볼 수 있는데, 그 거석 유물을 만든 사람들에 대해서는 거의 알려져 있지 않다.

가장 오래된 것은 기원전 5000년경, 늦어도 기원전 3000년경에는 만들어졌을 것으로 추측되며 이들의 공통점은 태양과의 관련성이다. 시간차가 있다는 점에서 동일 집단에 의해 전파되었을 가능성도 있지만, 태양 신앙은 고대 사회에서 폭넓게 찾아볼 수 있고 거석 문명 역시 마찬가지이므로 각각 별개로 성립되었을 가능성도 배제할 수 없다.

정체불명의 거석 문명을 담당한 이들보다 늦게 지중해 세계에는 그리스계 민족이 나타났다. 처음에는 에게해 섬들에서, 이어 펠로폰네소스반도에서 황금 문명을 쌓았다. 지중해 남쪽의 이집트인은 해양 진출에 적극적이지 않았고, 동쪽에서는 여러 민족들에 의한 혼전 상태가 계속되었기 때문에 한동안 지중해 세계에서는 그리스인의 독점 상태가 이어졌다. 이 상황을 변화시킨 것은 기원전 14~13세기에 걸친 '바다 민족'의 습격이었다. 바다 민족은 특정한 민족이 아니라 식량과 정주의 땅을 찾아 동부 지중해 전역을 석권한 바다 사람들의 총칭이다.

그들은 그리스의 미케네 문명을 무너뜨리고 소아시아를 중심으로 번성한 히타이트의 멸망에도 관여했다고 일컬어지는데, 그 일부는 당시 가나안이라고 불린 팔레스티나(팔레스타인)에 정착하고 필리스티아 Philistia(《구약성서》에 나오는 고대 팔레스타인 민족 중 하나인 블레셋―옮긴이)라고 불렸다. 팔레스티나라고 정식으로 불리게 된 것도 로마제국 치하에 유대인 반란이 진압된 135년의 일이었다.

이후 현재의 레바논에는 페니키아인, 소아시아 남서부에는 루디아인, 이탈리아반도 중부에는 에트루리아인 등이 나타났고, 각각 독자적인 문화를 꽃피웠다. 그중에서도 페니키아인은 알파벳 문자를 발명하고 이를 유럽에 전파하였다. 이후 식민 도시인 카르타고와 로마인을 비롯한 라틴계 민족들이 역사에 등장한다. 카르타고는 페니키아인에 의해 건설된 도시 중 하나로 본국이 쇠퇴하고 나서도 번영을 이어 갔다.

한편 로마인은 선주민인 에트루리아인과 다른 라틴계 민족들을 종속시키며 이탈리아반도의 통일을 이루었다. 그 선에서 만족했다면 로마인과 카르타고인이 세력권을 서로 나눠 공존하는 것도 가능했겠지만, 역사에는 종종 시대의 흐름이라는 것이 있어 한 번 성공하면 더 위로 나아가고 싶은 욕망이 상호 공존을 방해한다.

분쟁의 발단이 된 것은 시칠리아섬이었다. 시칠리아의 서부는 카르타고인의 지배하에 있었지만, 동부의 지배권은 그리스인에서 로마인으로 옮겨갔다. 카르타고와 로마 모두 상승 기류를 타던 시기였기 때문에 서로 자신들의 승리를 자신했고, 결국 용호상박의 승부가 빚어졌다. 로마인이 카르타고인을 포에니(라틴어로 페니키아인을 가리킴―옮긴이)라고 불렀던 것에서 유래하여 양자의 대결을 포에니 전쟁이라고 했다.

포에니 전쟁은 기원전 264년~241년, 기원전 218년~202년, 기원전 149년~146년, 세 차례에 걸쳐 벌어졌는데, 모두 로마군의 승리로 끝이 났다. 제3차 포에니 전쟁에서 패한 후 카르타고 사람들은 전부 노예로 팔리고, 카르타고 도시는 철저히 파괴되었다.

로마군이 그토록 철저하게 짓밟은 이유는 카르타고가 다시 일어설까 두려웠기 때문이었다. 참패를 당하고 엄청난 배상금을 물려도 순식간에 도시를 부흥시키고 배상금도 앞당겨 지불한 카르타고의 경제력과 생명력에 진심으로 공포를 느꼈기 때문이다. 카르타고에게는 불행한 결과였다. 이후 기원전 30년에 이집트의 프톨레마이오스 왕조가 멸망하고, 지중해는 완전히 '로마의 바다'가 되었다. 클레오파트라의 미색만으로는 역사의 대세를 거스를 수 없었다.

산맥
외적의 침공을 막는 천연 방벽

파미르고원에서 남서 방향(아프가니스탄)으로 뻗은 힌두쿠시산맥은 중앙아시아와 인도 아대륙을 나누고 있는 천연 방벽이다. 하지만 기원전 2000년경 인도 아대륙은 다른 산맥과의 작은 틈새로 중앙아시아로부터 대규모 침입을 허락하고 말았다. 침입해 온 무리는 인도-유럽어족의 조상이라 할 수 있는 아리아인이었다.

인도 아대륙에 침입한 집단은 크게 두 갈래로 나뉜다. 그대로 남하해서 인더스강 유역에 정착한 사람들은 갠지스강 유역으로도 지배의 손길을 뻗치면서 브라만Brahman(인도 카스트 제도에서 가장 높은 지위인 승려 계급)을 정점으로 하는 계층 사회를 구축했다.

한편 서쪽으로 향한 사람들은 이란고원에 정착했다. '고귀한 사람

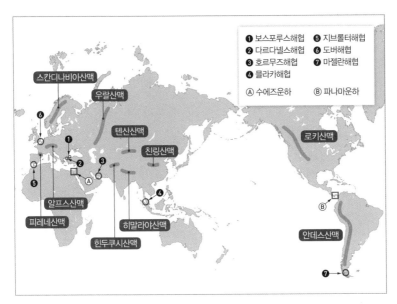

세계의 주요 산맥, 해협 그리고 운하

들'을 의미하는 이란인은 아리아인과 마찬가지로 기원전 6세기에 대
제국을 건설하였다.

한편 위의 지도를 봐도 알 수 있듯이 유럽 역사상 가장 중요한 역할
을 한 산맥은 피레네산맥과 알프스산맥이다. 현재 피레네산맥은 프랑
스와 스페인, 알프스산맥은 프랑스 및 스위스, 오스트리아와 이탈리아
를 가르는 천연 방벽 역할을 했는데, 이 역시 완전하지 않아 군대가 산
맥을 넘어서 통과하는 일이 종종 있었다.

피레네산맥은 제2차 포에니 전쟁 때 카르타고의 한니발Hannibal 장
군이 37마리의 코끼리 부대를 데리고 넘었다고 해서 유명하다. 또 게

르만 민족의 대이동 시기에는 반달족Vandals이 그곳을 통과했고 서고트족은 산맥을 넘어 왕국을 건설했다. 위험한 산들이 늘어서 있어서 바스크인처럼 주위와 계통을 달리하는 민족들이 자리를 오랫동안 굳건히 지킬 수 있었는데, 프랑크왕국의 카를 대제가 이베리아반도를 원정하고 돌아올 때 후위 부대가 롱스보계곡에서 바스크인의 습격을 받아 전멸한 사건이 있었다. 이 사건을 토대로 만들어진 것이 프랑스 문학 사상 최고最古의 서사시 〈롤랑의 노래〉이다.

이탈리아의 북쪽 경계에 위치하는 알프스산맥은 그야말로 천연 방벽이었다. 프랑크왕국의 분열 이후 통일을 위한 권력이 없어진 이탈리아는 방위의 대부분을 알프스산맥에 의존하지 않을 수 없었다.

기원전 73년에 반란을 일으킨 격투사 노예 스파르타쿠스는 한겨울의 알프스산맥을 넘지 못해서 패배했다. 이후 알프스산맥을 북에서 남으로 넘기는 비교적 쉬워졌지만 역시 군비가 보통의 몇 배가 될 것을 각오해야 했고, 그에 상응하는 보상이 없다면 실행에 옮길 수 없었다.

하지만 교황이 머무는 로마를 영향 아래 두는 것만으로도 가톨릭 군주로서는 충분히 가치 있는 일이었다. 그 때문에 15세기부터 16세기에 프랑스와 독일은 이탈리아의 패권을 둘러싼 경쟁으로 알프스산맥을 수차례 넘게 된다. 경제적 부담은 막대했지만 알프스산맥을 넘는 것은 국가 권위의 강화와 직결됐기 때문에 거액의 빚을 내서라도 시도할 가치가 있었다.

스위스 입장에서 알프스는 조금 다른 의미를 갖는다. 국토 대부분이 알프스산맥에 걸쳐 있는 지형상, 방벽의 역할과는 달리 농경지의 절대적인 부족을 초래했다. 많은 인구가 목축업만으로 생활하기에는 한계가 있어 근대 이후 시계 제조업이나 금융업이 번성하기 전까지는 직업 용병이 중요한 수입원이었다. 그 흔적을 현재도 바티칸 시국의 경비를 스위스군인이 담당하고 있는 것에서 찾아볼 수 있다.

중국 역사상 가장 중요한 산맥은 현재의 산시성 중서부에서 동남부에 걸쳐 있는 친링산맥이다. 위, 촉, 오 나라가 맞붙은 '삼국지'의 시대에는 친링산맥이 위와 촉을 가르는 천연 국경이었고, 촉이 수세에 몰렸을 때에는 최대의 방벽 역할을 했다.

이후 남송 시대에는 여진족의 금나라와 국경이 되었다. 4000미터 이상의 높은 산은 없지만 2000미터가량의 산들이 줄지어 늘어서 있기 때문에 기병騎兵 전술은 도움이 되지 않고 물자 보급도 곤란했다. 그렇기 때문에 금나라도 구태여 산맥을 넘으려 하지 않고 그곳을 국경으로 삼는 것에 타협했다.

친링산맥을 북에서 남으로 넘으면 한중漢中분지가 펼쳐지는데, 그곳으로부터 남쪽의 쓰촨분지로 침공하기 위해서는 검각산 72봉을 넘지 않으면 안 되었다. 삼국지의 촉나라는 그 길목에 검문관劍門關이라는 요새를 지어 최후의 방어선으로 삼았다.

5

오아시스
초원과 사막 지대에 꼭 필요한 장소

오아시스는 사막 가운데에 있는 비옥한 토지를 말한다. 땅속에 괴어 있는 빗물을 생활용수로 이용하고 대추야자 등을 재배한다.

서아시아의 대표 오아시스로는 시리아 사막의 북단에 위치하고 기원전 1세기부터 기원후 3세기까지 번성한 팔미라Palmyra를 들 수 있다. 홍해에 인접한 아카바에서 인도양 교역 산물을 뭍으로 옮겨 로마제국 영내로 운반할 때 반드시 경유해야만 하는 곳이어서 대상 교역의 도시로 크게 번성했다.

아라비아반도의 메카와 메디나도 사막의 오아시스로 대상의 왕래가 빈번한 곳이었다. 예언자 무함마드도 메카에서 대상으로 뛰어난 활약을 한 덕분에 15살 연상의 미망인 하디자와 결혼을 하게 된다.

사막을 여행하기 위해서 반드시 필요한 것은 물과 보존 식품이다. 중동의 보존 식품은 뭐니 뭐니 해도 대추야자 열매가 제일이다. 오아시스 주변에는 반드시 대추야자 나무가 있기 때문에 그 열매를 건조시켜 보존 식품으로 이용한다. 대상 교역이 사라진 현재에도 대추야자 열매는 일상식으로 여전히 사랑받고 있다.

대상 교역은 모래 폭풍이나 도적의 습격에 노출되는 위험한 일이기 때문에 지도자가 자질이 없다면 일행 모두 목숨을 잃을 수 있다. 뛰어난 통솔력뿐만 아니라 지력, 완력, 판단력 등 다양한 능력을 고루 갖추지 않으면 리더 지위를 오래 유지할 수 없다. 그런 면에서 무함마드는 분명히 뛰어난 자질의 소유자였다.

오아시스와 대상 교역을 이야기할 때 빼놓을 수 없는 것은 역시 실크로드이다. 바다의 실크로드라고도 불리는 해상 교역에 비하면 한 번에 운반할 수 있는 양이 적고, 결코 이익 면에서 나은 장사는 아니었다. 하지만 이란계 민족인 소그드Sogd인처럼 오로지 육로의 대상 교역을 생업으로 삼은 사람들도 존재했다.

현재 중앙아시아의 주요 민족은 투르크 계통이다. 투르키스탄은 터키인의 땅이라는 뜻으로 중앙아시아 지역을 부르던 이름이고, 8세기 이전에는 이란계 민족의 안마당 같은 곳이었다. 서아시아와 중국 사이의 동서 교역을 도맡았던 소그드인은 투르크계 민족인 돌궐이 북아시아부터 중앙아시아까지 세력을 확장하던 시기에는 행정 관료를 역임하는 등 교역 이외의 일도 맡아서 했다.

돌궐의 쇠퇴 후 위구르족이 북아시아의 패권을 장악했는데, 위구르는 안사의 난에 휘말린 당 왕조에 군대를 파견하는 등 막강한 군사력을 자랑했다. 하지만 자연재해에는 당해 낼 방도가 없다 보니 잇따른 혹독한 냉해에 급격히 쇠약해졌다. 결국 같은 투르크계의 키르기스인의 침공을 받고 840년경 붕괴하였다. 위구르족은 어쩔 수 없이 사방으로 뿔뿔이 흩어졌다.

이때 동쪽과 남쪽으로 향했던 사람들은 중국 대륙에 정착했는데, 더 이상 유목 생활을 계속하기도 전통문화를 유지하기도 어려웠다. 결국 대다수가 한족으로 동화되었다. 그에 반해 서쪽으로 떠난 사람들은 유목 생활에 적합한 땅을 끝까지 찾아다닌 집단과 적당한 오아시스를 차지해 정주 생활로 이행한 집단으로 나뉘었다. 후자의 예로는 현재 간쑤성 중부에 자리한 하서위구르왕국과 신장위구르자치구 중앙부에 자리한 톈산위구르왕국을 들 수 있다.

정주 생활이라고 해도 그들은 농사가 아닌 교역을 생업으로 삼았다. 아시아 내륙부 동서 교역의 주역이 이란계에서 투르크계로 바뀐 것이다. 동서의 사람들과 문물이 왕래하는 곳인 만큼 위구르족이 받아들인 종교도 다양했다. 불교를 비롯해 이란에서 유래한 마니교나 네스토리우스파의 그리스도교를 신봉하는 사람도 있었다. 네스토리우스파의 그리스도교는 위구르족을 통해 북아시아에 전해져 몽골에도 이를 믿는 부족이 생겼다.

6

대서양

세계를 바꾼 아메리카 대륙의 감자와 옥수수

크리스토퍼 콜럼버스Christopher Columbus와 그의 일행이 아메리카 대륙에서 유럽으로 가져간 것 중에서 가장 빨리 확산된 것은 매독이었다. 그와 반대로 보급에 가장 시간이 많이 걸린 것은 감자였다. 외관이 좋지 않고 싹에 독성이 있는 데다가 땅속에서 나는 작물을 먹기 꺼리던 유럽의 관습도 한몫했다.

하지만 18세기 독일에서 감자가 음식으로 정착한 것을 시작으로 19세기에는 프랑스, 영국, 동유럽에도 보급이 확산되었고, 영국령이었던 아일랜드에서는 주식으로 자리 잡았다.

옥수수도 마찬가지로 원산지가 아메리카 대륙인데, 감자보다는 유럽에 비교적 빨리 보급되었다. 단 인간의 음식이 아니라 가축의 사료로서 말이다.

감자와 옥수수의 보급에 따라 유럽 전역에 공통적인 현상이 나타났다. 인간과 가축 모두 사망률이 크게 낮아지면서 인구가 폭발적으로 증가하였다.

문제는 증가한 인구만큼 농업 생산력이 뒷받침되거나 새로운 산업이 창출되지 못하면 더욱 궁핍해진다는 사실이다. 아사를 피하기 위해서는 어쩔 수 없이 다른 지역으로 이주해야 하고, 유럽 내에 적당한 땅이 없으면 대서양을 건너가는 수밖에 없었다.

유럽인이 맨 처음 북아메리카 대륙으로 이주를 시도한 것은 10세기 말 바이킹에 의해서였다. '붉은 머리 에리크'의 아들 레이뷔르 에이릭손Lief Ericson 은 탐험대를 이끌고 북아메리카에 첫발을 내디뎠지만, 이후 원주민과의 마찰과 기후의 한랭화 때문에 바이킹 이주민들은 다시 그린란드로 철수하였다.

유럽에서 북아메리카로 본격적인 이주가 재개된 것은 영국 식민지하인 17세기 초로, 라틴아메리카를 식민지화 한 스페인과 포르투갈에 비해 크게 뒤처졌다. 하지만 이주민 수용 가능성과 장래성 면에서는 북아메리카 대륙이 우세했다. 유럽에서 대서양을 건너가는 이주민들은 먼저 지금의 미국 땅을 목표로 향했고, 그곳에서 정착하지 못하면 캐나다나 라틴아메리카로 다시 이주를 시도하는 것이 하나의 패턴이었다. 이후 오스트레일리아와 뉴질랜드가 추가된다.

영국의 대외 정책이 인도양과 대서양 양쪽 모두를 중요하게 저울질

한 것에 비해, 미국의 관심은 19세기 말까지 미국 근해와 대서양에만 미치고 있었다.

미국이 대서양 너머에서 얻고 싶은 것은 역사와 전통이었다. 미국에서 성공한 사람들 중 대서양 너머 영국의 귀족과 혼인 관계를 맺는 사람이 늘어났다. 영국에서는 19세기 후반부터 전통 귀족의 몰락을 피할 수 없었는데, 영지와 저택을 지키기 위해 금전이 필요한 귀족과 권위를 높이고 싶은 벼락부자의 이해관계가 일치했다. 미국은 유럽을 구세계라고 바보 취급하면서도 자신들의 얕은 역사에 강한 콤플렉스를 안고 있었다. 영국 귀족과의 통혼은 이를 해소하기 위한 하나의 방책이었던 것이다.

제2장에서 서술했듯이 대서양은 설탕과 노예를 주축으로 한 삼각무역의 무대였다. 국제 무역의 주 무대가 인도양에서 대서양으로 이동했는데, 머지않아 20세기에 접어들면서 태평양의 시대가 도래했다.

하지만 대서양의 가치가 전부 사라진 것은 아니었다. 제2차 세계 대전 후, 대서양을 매개로 한 미국과 영국 중심의 굳건한 결속 관계가 강화되었다. 군사나 경제 등 모든 면에서 미국의 우위가 자명해지고 미국 역시 헤게모니 국가로서의 자각이 높아지면서, 북대서양조약기구NATO 등 미국 주도의 군사 동맹이 생겨나게 된다.

7

해협
보스포루스해협과 지브롤터해협에서의 세력 다툼

해협은 육지와 육지 사이에 낀 좁은 해역을 말한다. 장소에 따라서는 전략상의 요충지로서 역사의 중심 무대가 되는 곳도 있는데, 유럽과 아시아를 가르는 보스포루스해협과 다르다넬스해협이 대표적이다.

아시아에서 유럽 대륙으로 진입할 때는 북쪽으로 크게 우회해서 가는 육로가 있지만 시간이 너무 많이 걸린다. 그래서 기원전 480년, 아케메네스 왕조가 그리스를 침공할 때 배다리를 만들어 다르다넬스해협을 건너는 시도를 한다.

알렉산드로스 대왕의 아시아 원정 때는 배를 타고 건너갔지만, 바다에 익숙하지 않은 내륙 국가는 많은 배를 마련하기가 쉽지 않고 제해권을 장악하지 않는 한 도중에 침몰할 위험도 컸다. 상대편도 만반의

준비를 하고 있기 때문에 좁은 해협을 대군이 무사히 건너기란 상당히 어려운 일이었다.

오스만제국이 아직 왕조의 규모였던 14세기 초반, 그들이 처음 유럽으로 건너갈 때는 다르다넬스해협을 이용했다. 그때는 비잔티움제국에 용병으로 고용되어 당당히 넘어갔다고도 하고, 대지진의 혼란을 틈타 넘어갔다고도 하는데, 어느 쪽이든 그들이 무사히 바다를 건넜음에는 차이가 없다.

오스만제국의 쇠퇴가 확연해진 18세기 후반 이후, 부동항을 찾아 남하 정책을 추진하던 러시아와 오스만제국이 번번이 충돌하였는데, 1833년 체결된 운키아르 스켈레시 조약을 통해 양 해협에서 러시아의 자유 통행 특권이 인정되었다. 하지만 러시아의 지중해 진출은 영국과 프랑스에게 위협이 되기 때문에, 크림 전쟁 종결 후 1856년에 맺은 파리 조약에 의해 러시아의 특권은 백지로 돌아갔다. 양 해협의 통행권은 유럽 국가들에게 상당히 민감한 문제였다.

지중해에서 대서양으로 나아가기 위해서는 이베리아반도와 아프리카 대륙 서북단을 나누는 지브롤터해협을 통과해야 하는데, 이곳 역시 수차례 역사의 주요 무대가 되었다.

지브롤터해협에서 가장 폭이 좁은 곳의 너비는 13킬로미터이다. 적중에 눈감아 주는 사람이 있지 않는 한 들키지 않고 바다를 건너가기는 불가능하다. 711년 이슬람의 타리끄 이븐 지야드Tāriq ibn Ziyād 장군이 이끄는 이슬람 군대는 내통자 덕분에 무사히 이베리아반도에 상륙할 수 있었다. 이때부터 유럽의 뾰족하게 솟은 바위산을 '자발 타리끄(타리끄의 산)'라고 불렀는데, 지브롤터라는 지명은 여기에서 유래하였다.

그리스도교의 국토 회복 운동인 레콩키스타 Reconquista 가 달성된 후, 지브롤터 지역과 해협은 스페인령이 되었다. 하지만 1701년에 시작된 스페인 왕위 계승 전쟁을 거치고 1713년에 맺은 위트레흐트 조약에 의해 지브롤터는 다시 영국으로 할양되었다.

그 후 스페인은 계속 지브롤터의 반환을 요구했지만, 영국은 계속 일축하였다. 1967년에는 스페인 귀속을 둘러싼 주민 투표가 실시되었는데, 결과는 영국령으로 머물겠다는 주민들의 의견이 압도적이었다.

1969년에는 외교, 방위, 치안을 제외한 자치권이 영국으로부터 부여되어 독자적인 의회도 설치되었다. 이를 못마땅해하던 스페인 정부는 1985년에 마침내 국경 봉쇄라는 강경책으로 치고 나갔다.

한때는 무력 충돌의 위험도 높았지만 다행히 강경파보다 온건파의 목소리가 우세해서 2006년에 지브롤터, 영국, 스페인이 관계 개선을 위한 3자 협정을 맺었다. 2009년에는 약 300년 만에 스페인 각료의 지브롤터 공식 방문이 실현되는 등 평화적 해결을 위한 노력이 이어지고 있다.

⑧

운하

물류의 역사와 세계 경제의 질서를 바꾸다

운하란 선박의 통행을 위해 인공적으로 건설한 수로를 말한다. 세계 역사상 가장 큰 역할을 한 운하는 바로 지중해와 홍해를 잇는 수에즈운하이다. 그 이전까지 아프리카 대륙 남단의 희망봉을 돌아서 가야 했던 아시아-유럽 항로가 비약적으로 단축되었기 때문이다.

수에즈운하를 건설한 사람은 프랑스의 전 외교관 페르디낭 마리 비콩트 드 레셉스Ferdinand Marie Vicomte de Lesseps였다. 레셉스는 당시 이집트의 사실상 군주인 부왕副王 무함마드 사이드 파샤Muhammad Said Pasha의 어린 시절 가정 교사였다는 친분으로 전권을 위탁받았다. 1859년 4월에 착공해서 우여곡절 끝에 난공사를 마치고 1869년 11월 17일 가까스로 완공하였다. 희망봉을 돌면 2주일이 걸리던 항해가 불과 48시간으로 단축된, 물류 혁명의 세계적인 대사건이었다.

영국은 처음에 수에즈운하가 갖는 의미를 중대하게 생각하지 않았다. 하지만 막상 개통하고 보니 이용하는 선박의 과반수가 영국 국적임을 깨닫자 입장을 180도 전환했다.

영국은 때마침 재정난에 허덕이던 이집트가 수에즈운하 주식의 매각을 검토 중이라는 정보를 입수했다. 당시의 영국 수상 벤저민 디즈레일리Benjamin Disraeli는 의회에 상의하고 절차를 밟다 보면 기회를 놓칠 수 있겠다고 판단, 일단 유대계 재벌인 로스차일드 가문에게서 긴급 융자를 받아 그 돈으로 수에즈운하의 최대 주주가 되었다.

영국은 이를 기회로 이집트에서의 이권 확대에 속도를 내고, 1882년에는 수에즈운하 일대를 점령하여 자국의 군사 기지로 삼았다. 이윽고 이집트의 식민지화를 진행하였다. 제1차 세계 대전 후인 1922년 이집트는 독립을 달성했지만, 수에즈운하에 대한 영국의 권리는 남은 상태였다. 이 권리를 회수한 사람은 아랍 민족주의의 기수로 존경받는 이집트의 가말 압델 나세르Gamal Abdel Nasser 대통령이었다.

1957년 7월 이집트는 아스완하이댐 건설을 위해 영국과 미국에 원조를 요청하였는데, 양국은 이집트가 소련으로부터 무기 원조를 받고 있다는 핑계로 요구를 거절했다. 이에 나세르 대통령은 같은 해 7월 30일 수에즈운하의 국유화를 선언하고 강제적으로 접수하였다. 그러자 운하의 2대 주주인 영국과 프랑스는 이스라엘을 부추겨 전쟁을 종용했다. 이를 수에즈 전쟁 또는 제2차 중동 전쟁이라고도 부른다.

전쟁은 이집트에 불리했지만 우호적인 국제 여론이 가세해서 이집트는 나쁘지 않은 조건으로 수에즈운하의 국유화를 국제적으로 승인받았다. 그 후 운하 보수 공사와 선박 개량 등 여건이 개선된 덕분에 수에즈운하를 통과하는 데 필요한 시간은 15시간으로 단축되었다.

수에즈운하 다음으로 중요한 곳은 대서양과 태평양을 잇는 파나마운하이다. 건설 공사는 수에즈운하와 마찬가지로 레셉스에 의해 시작되었지만, 그가 병으로 사망함과 동시에 휴면 상태에 놓인 것을 미국이 4천만 달러로 자산과 이권을 사들이며 빠르게 공사가 추진되었다. 1903년에는 파나마가 콜롬비아로부터 독립할 수 있도록 원조한 보상으로 헤이-뷔노-바리야 조약을 체결하고 굴착권은 물론 운하와 그 주변 양측 8킬로미터 지역을 영구 지배하는 권한도 얻었다.

이듬해부터 시작한 공사는 1914년 8월에 완공, 개통되었다. 그때까지 남아메리카 대륙 남단의 혼곶을 우회하던 항로가 불과 8시간으로 단축됨으로써 미국의 동해안과 서해안 사이의 물류가 원활해졌다. 이로써 미국은 세계 제일의 경제 대국이 되는 토대가 마련되었다.

하지만 세계적인 내셔널리즘의 열망은 파나마에도 미쳤고, 제1차 세계 대전 이후부터 운하의 회수를 요구하는 목소리가 높아졌다. 미국 정부도 이를 무시할 수 없어 1936년을 시작으로 단계적인 타협을 거듭한 끝에 1997년, 파나마운하의 지배권을 1999년까지 파나마에 완전 이양하기로 매듭지었다. 1999년의 마지막 날, 마침내 그 약속이 이루어졌다.

유전

채굴과 원유의 실용화로 사막 지대가 분쟁 지대로

석유나 천연가스는 기원전 시대 때부터 존재해 왔다고 알려져 있었지만, 현재와 같은 석유 산업은 1859년 미국에서 기계를 이용한 유전 굴착에 성공한 것에서부터 시작하였다.

유전은 충분히 채굴할 만큼 석유가 나는 일정한 지역을 말한다. 최근에는 미국이나 카스피해 연안이 주목받고 있지만, 전 세계 매장량의 절반 이상이 중동에 있다는 사실에는 변함이 없다.

중동에서 유전이 발견된 것은 1908년 이란이 최초이다. 잇따라 1927년 이라크, 1932년 바레인, 1938년 사우디아라비아, 1946년 쿠웨이트에서 발견되었다.

당시 세계의 헤게모니 국가였던 영국에게 석유가 발견되기 이전의 중동은 그저 인도와의 교류를 위한 중계 지점에 불과했고, 그곳이 석유 산업의 중심이 되리라고는 생각지도 못했다. 당시에는 석유가 묻혀 있으리라는 생각도, 석유가 향후 엄청난 경제적, 정치적 무기가 될 것이라는 생각도 하지 못했을 것이다. 모든 것은 사후 약방문이다.

석유의 국제적인 유통은 스탠더드오일이나 로얄더치쉘그룹을 비롯한 서구의 대기업이 만든 메이저Major(국제석유자본)의 독무대였다. 하지만 제2차 세계 대전 후 세계적인 내셔널리즘의 열풍으로, 1960년에는 페르시아만 산유국을 중심으로 석유수출국기구OPEC, 1968년에는 아랍석유수출국기구OAPEC가 결성되고 국제적인 세력 판도를 바꾸어 나갔다.

페르시아만 산유국은 이란을 제외하고는 모두 아랍인 국가들로 이루어졌고, 팔레스타인의 해방과 아랍인 통일 국가의 수립을 '아랍의 대의'로 여기는 막연한 일체감을 갖고 있었다. 그 잠재력은 1973년 10월 6일에 시작한 제4차 중동 전쟁 때 발동되어 10월 17일 석유 자원을 무기화하는 전략으로 세상에 처음 드러났다.

원유 고시 가격을 17퍼센트 인상하고 매월 산유량을 전월에 비해 5퍼센트씩 감산했다. 이스라엘 지원국인 미국과 네덜란드에는 수출을 전면 금지하고, 비우호국인 일본과 독일에게는 수출을 일부 삭감한다고 선언하였다. 이에 따라 발생한 국제적인 혼란을 제1차 석유 파동이라고 부르고, 제2차 석유 파동은 1979년의 이란 혁명을 계기로 발생하였다.

두 번에 걸친 석유 파동은 선진국에게 석유 비축 및 대체 에너지 개발 문제와 함께 에너지 절약 의식을 고취시키는 등 큰 교훈을 주었다. 하지만 대체할 수 없는 부분도 많아서 석유의 중요성은 여전히 높고, 유전 보유국의 거취가 세계의 주목을 모으는 상황에도 변함이 없었다.

반면 여전히 이스라엘에 대한 군사적 열세가 바뀌지 않자 '아랍의 대의'를 외치는 목소리가 점차 잦아들며, 아랍 국가들은 자국의 내셔널리즘과 오일머니의 혜택에 만족하는 생활로 나아가기 시작했다. 사우디아라비아를 비롯해 현재의 두바이나 카타르가 그러한 경향이 가장 두드러진다. 이들은 번영을 누리는 한편 노동은 외국인에게 의존하고, 석유나 천연가스 같은 매장 자원이 고갈된 후의 대책 마련에 서두르지 않는다. 즉 머지않아 찾아올 사태에 대한 인식이 느슨하고 위기의식이 낮다는 점이 공통적인 문제이다.

또 오일머니로 이슬람 과격파에 대한 무기나 자금 원조를 하는 경우도 적지 않아서, 시리아 내전이 수렁에서 벗어나지 못하는 것도 그들의 지원 때문이라는 비판이 있다.

한편 아랍 국가들과 대조적인 움직임을 보인 나라가 바로 이란이다. 1979년 혁명 이후 최고 지도자인 아야톨라 루홀라 호메이니Ayatollah Ruhollah Khomeini가 '혁명 수출'을 공언하고 이슬람 세계 전체를 시아파로 물들일 야심을 드러냈다. 결국 1980년 9월에 이란-이라크 전쟁이 발발했다.

이때 국제 사회의 관심은 9년에 걸친 양국 전쟁의 결과나 사상자의 수, 화학 무기에 의한 쿠르드인의 피해도 아닌 원유가 저장된 원유 탱크의 안전 확보 여부에 쏠렸다. 또한 페르시아만을 통과하는 선박에 대한 무차별 공격과 페르시아만과 오만만을 잇는 호르무즈해협의 폐쇄 역시 최대 관심사였다. 페르시아만 국가들로부터 원유 수출이 끊어지면 세계 경제에 심각한 타격을 미치는 것은 물론이고, 절대 그렇게 만들어서도 안 된다는 것이 선진국 수뇌부의 공통된 인식이었다.

제5장

군사를
파악하면
세계사를
알 수 있다

호복기사

전쟁의 양상을 크게 바꾼 기마 전술

중화사상은 화이華夷사상이라고도 불린다. 자신들의 생활권을 세계의 중심으로 여기고, 북방에 사는 이민족은 적狄, 서쪽은 융戎, 동쪽은 이夷, 남쪽은 만蠻 등 모두 오랑캐를 뜻하는 말로 부르며 이민족을 경시했다. 문명의 수용을 거부하는 야만인이라고 격하했기 때문에 중화인이 이민족의 습관을 받아들이는 것은 있을 수 없고, 절대 있어서도 안 되는 일이었다.

하지만 북방 민족인 흉노의 군사력은 누구나 인정하지 않을 수 없었고, 전국 시대에 북방에서 흉노와 직접 맞닿은 조趙나라의 무령왕은 자존심보다 국가의 존망을 더 중요하게 생각하며 즉위한 지 19년째(기원전 307년) 되던 해에 호복기사胡服騎射의 도입을 단행했다. 여기서 말하

호복기사를 도입한 조나라 군사의 모습

는 '호'는 유목 민족의 총칭이고 '호복'은 말타기에 적합한 유목 민족의
복장, 쉽게 말해 바지 형태를 가리킨다.

　그때까지 중화 사람들은 치마 형태의 홑옷을 일상복으로 입었다.
군인도 마찬가지여서 이런 복장으로 말을 타는 게 무척 어려웠다. 아직
등자(말의 안장에 드리워 발을 디딜 수 있는 도구)가 발명되기 전이었기 때
문에 말에 오르는 것만도 힘들었다.

　처음에는 당연히 반대의 목소리도 만만치 않았다. 하지만 현재의
허베이성 중부에 있던 중산국中山國에 밀리고 다른 전선에서도 수세에
몰리는 상황이 되자, 현실적인 선택을 하는 수밖에 없다고 판단한 무령
왕은 조나라 군대 전체에 호복기사를 도입했다.

하지만 등자 없이 말을 익숙하게 타기란 극히 어려운 일이었는데, 국가의 존망이 걸린 상황에서 각자 열심히 기술을 습득할 수밖에 없었다. 다행히 노력한 보람이 있어서 조나라는 전국7웅 중에서 맨 처음으로 기병 부대 결성에 성공했다.

기병의 우위는 말 위에서 칼을 휘두르거나 화살을 쏘는 것뿐만 아니라 보병과는 비교할 수 없는 강력한 기동력과 돌파력에 있다. 병사 수가 비슷하다면 기병이 있는 쪽이 훨씬 유리하고, 설령 적더라도 기병이 부족한 부분을 메울 수 있다. 사실 조나라는 중산국을 물리친 뒤 진나라와의 싸움을 유리하게 끌고 가는 등 단번에 전국7웅의 주목을 받는 존재가 되었다.

하지만 다른 여섯 나라가 모두 조나라를 본뜨면서 조나라의 우위는 단기간에 종식되었다. 그 후부터는 단순히 기병을 보유하는 것만이 아니라 기병과 보병을 어떻게 효과적으로 활용할 것인가 하는 병법兵法의 전략 전술이 뛰어난 자가 승리하는 시대로 돌입했다.

서양에도 이와 비슷한 이야기가 있다. 유럽에서 최초로 기병을 받아들인 곳은 마케도니아였다. 이쪽도 아직 등자가 없었기 때문에 익숙하게 말에 올라타기란 쉽지 않았다. 하지만 기병은 귀족에게만 허락된 특권이었기 때문에 투지를 보이지 않을 수 없었다. 마케도니아는 알렉산드로스 대왕의 아버지 필리포스 2세 때에 일약 강국으로 명성을 높였다.

마케도니아는 동쪽에 인접한 강력한 스키타이족의 군대를 보고 기병 전술을 도입한 것으로 추측된다.

스키타이족은 흑해 북쪽의 초원 지대를 고향으로 삼은 이란계의 유목민이다. 기원전 6세기 후반에는 도나우강 중하류 지역까지 세력을 넓히고, 기원전 513년에는 아케메네스 왕조 다리우스 1세Darius I의 침공도 물리쳤다. 기원전 339년 아테아스Ateas 왕 때 마케도니아의 필리포스 2세와도 격돌했는데, 아마도 그 싸움이 마케도니아에게 새로운 전환점이 되었을 것이다.

그때까지 마케도니아를 변방의 시골뜨기로 무시하던 그리스 도시들의 군사력은 중장 보병을 밀집시킨 정면 돌격에만 의존해 왔다. 이 방법으로 강대국 아케메네스 왕조와의 마라톤 전투에서 승리한 만큼 큰 자신감을 갖고 있었다. 하지만 기병이 자유자재로 움직이며 신출귀몰한 공격을 펼치는 마케도니아군을 상대로는 당해 낼 수가 없었다. 이제 그리스와 마케도니아의 입장은 완전히 역전했다.

서양에서 등자가 처음 발명된 것은 로마제국 시대 때이고, 동양에서는 한나라 시대 때이다. 이로써 제대로 된 기병이 되기까지 걸리는 시간은 크게 단축되었다.

2

아랍군

동서 양 대국의 피폐를 틈타다

서쪽으로는 콘스탄티노폴리스를 수도로 하는 비잔티움제국, 동쪽으로는 현재의 이란과 이라크를 지배하에 둔 사산 왕조, 6세기부터 7세기에 걸쳐 양 대국이 시리아, 팔레스타인 지방의 지배를 둘러싸고 격전을 벌였다.

때마침 사산 왕조의 약체화가 진행되던 틈을 타서 610년에 즉위한 비잔티움의 황제 헤라클리우스 1세Heraclius I는 소아시아만이 아니라 시리아, 팔레스타인 지방과 이집트의 탈환에도 성공했다. 하지만 비잔티움제국도 역시 쇠퇴의 길을 걷고 있어서 전쟁을 계속 끌고 가기에는 무리였다. 식량을 강제 징수라도 한다면 언제 어디서 반란이 일어나도 이상하지 않을 상황이었고, 사태를 수습할 힘도 없었다.

동서 양 대국이 극도로 피폐해졌을 때, 직접 통치할 가치가 없다며 방치되어 있던 아라비아반도에서 커다란 변화가 일어났다. 메카 출신인 무함마드에 의해 새로운 종교가 탄생하는데, 바로 이슬람이었다. 이슬람은 아라비아어로 '신의 뜻에 순종한다'는 뜻이기 때문에 연구자들 사이에서는 이슬람교가 아닌 이슬람이라고 불리는 것이 일반적이다.

무함마드가 살아 있는 동안 아랍, 이슬람 국가는 아라비아반도의 서쪽 절반을 차지하였고, 이어 정통 칼리프 시대의 초대 칼리프인 아부 바크르 시대에는 아라비아반도 전역을 지배하였다. 제2대 칼리프인 우마르 1세 시대에는 636년 야르묵 전투에서 비잔티움제국을, 642년 니하반드 전투에서 사산 왕조를 무찔렀다. 이로써 시리아, 팔레스타인 지방은 물론이고 흑해와 카스피해 사이의 카프카스 남부, 이란과 이라크의 대부분을 지배하에 두며 점령지를 두 배나 늘렸다.

제3대 칼리프 우스만 이븐 아판 시대에는 사산 왕조를 무너뜨리고 현재의 아프가니스탄부터 우즈베키스탄에 이르기까지 세력을 넓혔고, 661년에 시작하는 우마이야 왕조 때에 마그레브(이집트 서쪽의 아프리카 서북부) 지역과 이베리아반도의 대부분을 지배하며 지중해를 거의 둘러쌀 태세를 갖추었다.

그 이전까지 공식적으로 역사의 주 무대에 나선 적이 없던 아랍인이 어떻게 단기간에 이처럼 광대한 토지를 점령할 수 있었을까? 그것은 비잔티움제국과 사산 왕조의 강압 정치 및 쇠퇴라는 외부적 요인만으로는 설명이 충분치 않다.

그때까지 하나로 뭉치지 못했던 아랍인이 이슬람 신앙이라는 축이 생김으로써 대동단결이 가능해졌고, 그 결과 자신들도 예측할 수 없을 만큼의 거대한 힘이 생겨났다고 할 수 있다.

물론 이것 역시 한 가지 원인일 뿐 전부를 설명할 수는 없다. 무함마드는 전리품의 공평한 분배를 약속하며 아군을 늘려가는 한편, 스스로 지휘하는 싸움에 성전이란 의미를 부여함으로써 전사자의 영혼이 천국에 가는 것을 약속했다. 아랍, 이슬람 군의 승승장구는 현세의 이익과 내세의 보장이라는 성속 聖俗 양면에서 뒷받침되었다.

"결속하면 강한 국가를 만들 수 있다." 현재 이 말을 가장 절실히 느끼는 이들은 중동의 쿠르드족일 것이다. 이란계 민족인 쿠르드인의 거주 지역은 터키, 시리아, 레바논, 이라크, 이란에 걸쳐 넓게 퍼져 있고 총인구는 약 3천만 명이라고 한다.

한 국가를 만들기에 충분한 인구이지만 유감스럽게도 쿠르드족에게는 민족 국가를 건설한 경험이 없다. 산악 지대에 거주하기 때문에 지역마다 방언의 차이도 크고, 신앙 면에서는 수니파와 시아파가 섞여 있는 상황이라 좀처럼 정체성을 구축하기 어려운 현실이다.

3

몽골군

강력한 통제력과 철저한 정보 수집력으로 연승가도를 달리다

'이름만 들어도 우는 아이가 울음을 뚝 그친다', '땅을 울리는 말발굽 소리를 들었다면 이미 체념할 수밖에 없다' 등 몽골군에게 따라붙는 이런 무시무시한 이미지 중 절반은 맞고 절반은 과장이다.

초원을 질주하는 기마 군단이라고 하면 크고 용맹무쌍한 말의 모습이 먼저 연상되겠지만, 사실 13세기 몽골의 말은 현재 경주마의 대부분을 차지하는 서러브레드종보다 덩치가 작았다. 키도 20~30센티미터 정도 작기 때문에 무리를 이루어 돌격한다 해도 적진을 무너뜨릴 만한 강력한 파괴력을 갖추었다고 단정할 수 없다.

사용하는 무기도 칼, 창, 활로 당시 여느 세계의 무기와 특별히 다르지 않았다. 그럼에도 불구하고 몽골군이 연승을 달릴 수 있었던 이유는

유례가 드문 강력한 통제력과 정
밀한 사전 공작 덕분이었다.

강력했으나 초원의 패자가 된 칭기즈 칸

　종래의 유목 국가는 씨족이나
부족이라는 혈연관계로 묶여 있었
는데, 칭기즈 칸은 가능한 그 틀을
유지하면서도 휘하의 유목민을 천
호千戶라는 단위로 재편성했다. 천
호란 1000가족이 아니라 1000명
의 병사 또는 노동력을 제공할 수
있는 단위를 가리킨다. 그 우두머
리인 천호장에는 칭기즈 칸이 두텁게 신뢰를 보내고, 친구를 의미하는
'노코르'Nökör의 직명을 부여받은 88명이 임명되었다.

　이렇게 완성된 천호 집단은 군사단 위임과 동시에 행정 단위도 이
루었다. 탄탄한 조직력을 바탕에 둔 몽골군은 충실하고 용감했으며, 명
령과 규율을 잘 따르고 배신하지 않았다.

　당연한 것이 아니냐고 반문할지도 모르겠지만, 당시의 세계를 엿보
면 배신 없는 사회나 국가는 찾아 보기 힘들었다. 그중에서도 몽골의
통제력은 탁월했다. 이 한 가지만으로도 몽골군은 상대를 압도하는 강
력한 힘을 보유하였다.

　몽골군은 사전 공작과 정보전에도 능했다. 이 일을 담당한 사람은
주로 무슬림 상인이었다. 동서 교역에 종사하는 상인들 입장에서는 관

세를 내지 않는 거대한 통일 시장이 형성되기를 바랐고, 칭기즈 칸이라면 그 대업을 완수할 것이라 믿었다. 따라서 위험을 무릅쓰고 정보 수집, 와해 공작, 몽골의 군사력을 과대하게 선전하는 등 나름의 역할에 충실했다.

상대편의 공포심을 최대한 활용하기 위해서는 순순히 항복하면 관대하게, 저항하면 가차 없이 행동할 필요가 있다. 칭기즈 칸은 끝까지 저항한 성을 함락시켰을 때 장병은 모두 죽이고 남은 사람들은 모조리 노예로 팔아 버리는 무자비한 방법을 택했다.

그 효과는 실로 엄청났다. 제대로 싸워 보지도 않고 항복하는 성이 잇따랐고 결과적으로 몽골군은 믿을 수 없을 만큼 빠르게 서쪽으로 계속 진격할 수 있었다.

칭기즈 칸의 사후에도 같은 방식을 유지했는데, 유럽의 그리스도교 세계에 들어서자 사정이 달라졌다. 아시아계 내지는 무슬림 상인이라는 이유만으로 경계하고 입성조차 허락하지 않는 곳이 많았기 때문이다.

몽골군은 동유럽 일대까지 석권했지만 결국 그 부근에서 한계에 다다랐다. 피로가 누적된 데다가 초원 지대가 끊어진 것이 더 이상의 진군을 주저하게 만들었다.

13세기의 북반구는 비교적 온난하고, 중앙아시아부터 유럽 동남쪽까지 초원 지대가 이어져서 기마 군단에게는 더할 나위 없는 좋은 환경이었다.

하지만 초원 지대가 끊어지면 말을 질주시키기도 어렵고 무엇보다 말의 먹이가 충분치 못하다. 결국 몽골군은 드네프르강부터 현재의 키르기스에 이르는 초원 지대로 물러났고, 러시아와 동유럽 국가들을 간접 통치 체제로 삼는 것에 그쳤다.

4

화약

총, 대포 등 중화기의 등장과 다이너마이트

활, 칼, 창의 시대에서 대형화한 중화기重火器(보병이 지니는 화기 가운데 비교적 무겁고 화력이 강한 중기관총, 박격포 따위의 화기―옮긴이)의 시대로 옮겨 갔다. 화약의 발명이라는 획기적인 사건이 도약의 발판이 되었는데, 중화기가 생겨나기까지는 의외로 오랜 시간이 걸렸다.

화약은 중국 4대 발명 중 하나로 꼽히는데, 화약 무기가 제조된 것은 북송 시대로 일컬어진다. 하지만 도교 경전을 집대성한《진원묘도요략》眞元妙道要略에는 서양에서 말하는 연금술 실험 도중 일어난 폭발에 대한 기록이 있는데, 이를 근거로 이 책이 쓰인 9세기 중반, 즉 당나라 시대 후반에 화약 무기가 만들어졌다는 설도 있다. 한편 8세기 후반에 사용된 방사책方士策이라는 무기를 후세의 화전火箭처럼 화약을 장치한

176 •

화포로 간주해서, 화약의 발명을 8세기 후반으로까지 거슬러 올라가자는 견해도 있다.

북송 시대에 저술된 《무경총요》武經總要라는 병서에는 화약의 제조법과 화포에 대한 기록이 있는데, 소개된 화포는 그 수량이 적고 모두 초보적인 수준이어서 아직 실전에 투입해서 승패를 좌우할 단계는 아니었다는 사실을 엿볼 수 있다.

화약을 사용한 병기가 실전에서 위력을 발휘한 것은 원나라 때부터였다. 원이 일본 규슈에 상륙했을 때 사용한 포탄은 화약심지에 불을 붙이는 방식이었던 듯한데, 남송의 견고한 성을 공략할 때 사용한 회회포回回砲는 분명히 대포였다.

회회포는 원나라의 시조인 쿠빌라이Khubilai가 이란에서 초빙한 이스마일과 알라 웃딘이란 기술자들에게 만들도록 한 무기이다. 비록 포탄이 터지지 않는 투석기였지만, 성벽을 파괴하고 상대편을 기겁하게 만들기에 충분한 효과를 발휘하였다.

그 후 화약과 화포는 이슬람 세계를 통해 유럽으로 전해지게 되었다. 1320년대 초반, 아랍인 혹은 독일인 수도사의 손에 의해 작열炸裂식 포탄을 발사하는 대포가 발명되었다. 이어 15세기 중반에는 포신砲身 안쪽에 나선상의 홈을 파서 명중률과 정밀도를 높인 기술이 개발되었지만, 높은 제조비와 탄환을 넣을 때 시간이 걸리는 문제 때문에 보급되지 못했다. 여러 문제점을 극복하고 대포의 개발이 급속히 진전을 보인 모습을 보기 위해서는, 18세기 초반 프랑스 스트라스부르의 왕립 주조

소 장관이었던 스위스인 장 마리츠Jean Maritz가 대포를 개량시킬 때까지 기다려야 했다.

한편 15세기 중반 스페인에서 화승총火繩銃이 만들어졌는데, 16세기 중반에는 더 큰 머스킷총Musket으로 교체되었다. 또한 머스킷총은 17세기에 화약심지를 이용하는 화승식에서 부싯돌을 이용하는 화타식썬打式으로 바뀌고, 19세기 중반에는 후미 장전식의 라이플총Rifle으로 바뀌는 등 무기의 세계는 확실히 계속해서 발전해 나갔다.

화약은 전쟁 목적만이 아니라 평화를 위해서도 이용되었다. 노벨상의 창시자인 알프레드 베른하르드 노벨Alfred Bernhard Nobel이 발명한 다이너마이트는 1867년 영국에서 특허를 얻었다. 이는 노벨 한 사람만의 업적이 아니었다. 강한 기폭성을 지닌 니트로글리세린Nitroglycerin은 이탈리아 화학자인 아스카니오 소브레로Ascanio Sobrero가 1846년에 발명했는데, 제어가 불가능해 실용화를 단념한 연구를 노벨이 이어받았다.

다이너마이트는 토목 공사 분야에서 꼭 필요한 물품이 되었고 노벨은 막대한 부를 모았다. 하지만 다이너마이트가 전쟁에 이용된 것은 예상 밖의 일이었다. 특허를 가진 사람으로서 다이너마이트의 소비가 느는 것을 마냥 기뻐할 수도 없었다. 무기로 이용되어 사상자가 늘어나고 있다고 생각하니 마음 편히 지낼 수 없었기 때문이다. 그래서 노벨은 1901년 노벨상을 설립했을 때 물리학, 화학·생리학, 의학, 문학의 네 부문과 나란히 평화 부문도 만들게 된다.

5

백년 전쟁

귀족의 자존심 때문에 패배를 답습한 프랑스군

중세 영국과 프랑스의 백년 전쟁은 몇 차례 휴전을 치르면서 1337년 부터 1453년까지 계속되었다. 최종적으로 프랑스의 승리로 끝이 났고, 영국은 도버해협에 인접한 항구 도시 칼레를 제외하고 어쩔 수 없이 프랑스 본토에서 완전히 철수하게 되었다. 그런데 1429년 프랑스 중부 도시 오를레앙 공략에 실패하기 전까지만 해도 영국은 모든 전선에서 유리하게 싸움을 이끌고 있었다.

중반까지 영국의 우세를 뒷받침했던 여러 요인들 중 영국군의 장비와 프랑스와의 전투 방식 차이에 주목할 만하다.

프랑스는 1346년의 크레시 전투와 1356년의 푸아티에 전투에서 두 번에 걸쳐 영국에 참패를 당했다. 그런데 그 패배한 방식이 마치 복사한 것처럼 똑같았다.

영국군은 장궁長弓 부대를 맨 앞에, 그 뒤에 보병을 쭉 세우고 기병에게는 명령이 있을 때까지 말에서 내려 대기하도록 명령하였다. 하지만 프랑스군은 전방에 제노바인 용병으로 구성된 노병弩兵 부대, 바로 뒤쪽에 귀족 기병 부대, 가장 후방에 평민으로 구성된 보병 부대를 배치하였다. 기병은 모두 말을 탄 채로, 맨 앞의 부대가 적진을 쫓아가거나 반대로 싸움에 져서 달아나거나 하면 언제나 돌격을 감행할 수 있도록 했다.

이 모습만 보면 영국 기병은 느슨하고 프랑스 기병은 매우 사기가 높아 보인다고 생각할지 모르겠다. 하지만 당시의 귀족이 입은 갑옷은 그 무게가 30킬로그램가량이고, 여기에 체중까지 합치면 100킬로그램 전후가 된다. 말의 입장에서 견디기 힘든 무게였다. 그 정도의 무게를 등에 짊어지면 가만히 서 있는 것만으로도 상당한 부담이 되고, 전력 질주할 수 있는 시간과 거리도 당연히 짧아진다. 즉 프랑스군의 군마는 가장 중요한 때에 힘을 발휘하지 못하는 상태였다.

그에 비해 영국의 기병은 주로 우회해서 적의 측면을 돌파하는 역할이기 때문에, 기다리는 동안 말의 불필요한 에너지 소모를 줄이기 위해 기병 전원이 말에서 내려 대기한 것이다. 전쟁에서 무엇보다 실속과 승리를 중시했다. 기병이 귀족이라는 점은 양측이 같았지만, 영국은 왕이나 왕의 대리인이 귀족들에게 말에서 내리라고 명령할 수 있는 힘을 갖고 있었다.

총사령관의 명령에 영국군 전체가 따랐다. 프랑스군은 그런 영국군과 대조적이었다. 돌격 명령에는 따르지만 말에서 내려오라는 명령에는 단호하게 거절했다. 귀족으로서의 자존심이 이를 허락하지 않았기 때문이다. 말을 타고 높은 곳에서 사람들을 내려다보는 것이 귀족의 특권이라고 믿는 그들에게 평민과 같은 높이에 선다는 것은 있을 수 없는 일이었다.

막상 전투가 시작되어 서로 화살을 쏘기 시작하면 사정거리가 긴 영국군이 유리하였고, 제노바인은 곧장 도망치기 바빴다.

냉정하게 생각하면 프랑스의 상황이 불리한 것은 분명했지만, 프랑스 귀족들은 싸울 의욕만큼은 충분했다. 그런 기세 속에서 프랑스왕이 돌격 명령을 내리면 프랑스군 기병 부대는 일제히 돌격했다.

영국군의 예상대로 프랑스 기병 부대는 아무 방책도 없이 말을 탄 채 그대로 돌격했다. 영국 장궁 부대는 좌우로 벌어져서 가운데로 달려 나오는 프랑스 기병을 향해 화살비를 쏘아 댔다.

무거운 갑옷은 멋으로만 입은 것이 아니어서 화살 한 발 정도로 낙마하거나 부상을 입지 않지만, 수십 수백의 화살이 쏟아진다면 이야기는 달라진다. 말에서 떨어져 땅바닥에 쓰러지고 꼼짝할 수 없게 된 기병에게 영국군 보병이 최후의 일격을 가하는, 영국군의 일방적인 살육이 벌어졌다.

이러한 일방적인 싸움이 10년의 세월이 지난 뒤에도 그대로 재현되었다는 것은 신기하다 못해 어처구니없는 일이다.

6

오스만제국
유럽 전역을 뒤흔든 무적의 군대

1453년 비잔티움제국의 멸망은 유럽 전역을 강하게 뒤흔들었다. 로마제국의 정통 후계 국가로서 전성기에는 지중해 연안의 대부분을 지배했던 비잔티움제국이었지만, 12세기부터 급속하게 세력이 약해지면서 소아시아의 대부분을 잃은 후 간신히 수도인 콘스탄티노폴리스와 그 주변을 지키는 도시 국가로 전락하였다. 언제 멸망해도 이상하지 않을 상황이었는데, 막상 비잔티움제국이 실제로 멸망하자 서구의 가톨릭 국가들은 부랴부랴 사태의 심각성을 깨달았다. 비잔티움이라는 방파제가 없어지고 자신들이 직접 오스만제국과 대면해야 하는 시대가 되었기 때문이다.

이토록 유럽 세계를 두려움에 떨게 한 오스만제국의 힘은 대체 무엇에 근거했을까?

오스만 국가의 역사는 1299년 전후, 시조始祖 오스만이 군후로서 자립한 때부터 시작한다. 초창기 군사력은 투르크계 무슬림으로 이루어진 기병의 집단 전법이 강점이었다.

제2대 술탄 오르한 1세Orhan I 때에는 군주 직속의 상비군 창설을 도모했지만 원활하게 조직되지 못했다. 이어 제3대 술탄인 무라드 1세Murad I 는 1389년의 코소보 전투를 승리로 이끌었지만 항복을 가장한 세르비아 귀족에게 살해당한 것으로 유명한데, 그는 안정적인 군사력 확보를 위해 새로운 노예 군인 제도를 도입했었다.

노예라고 해도 이슬람 세계의 노예는 남북아메리카에 팔린 흑인 노예와는 달리 물건이 아니었고, 이슬람으로 개종한 경우에는 인간으로서도 대우받았다. 소년들을 징집해서 교양을 가르치고 훈련을 시키며 능력에 따라 군사나 행정일을 맡게 하였다. 그중에서 군에 배속된 자들은 가문, 군주를 의미하는 '카프'와 노예를 의미하는 '쿠루'를 합쳐 '카프쿨루'Kapıkulu라고 불렸다.

처음에는 전쟁 포로 중에서 징집되었는데, 14세기 말부터는 그리스도인들의 아들을 이슬람으로 개종시키고 이들을 활용하고자 했다. 처음에 편성된 것이 보병 부대인 예니체리Yeniçeri였는데, 예니체리의 성공 이후 군주 직속의 기병, 포병 부대도 조직되었다.

예니체리는 모두 총기를 소지하였고, 그들의 위력을 똑똑히 보여준 것이 이란의 사파비 왕조를 상대로 한 1514년의 찰디란 전투였다.

보병이 돌진해 오는 적군의 기마대를 총으로 조준하여 쏘는 구도는 일본의 나가시노 전투(1575년 미카와 나가시노 성을 둘러싸고 오다 노부나가, 도쿠가와 이에야스 연합군 3만 8000명과 다케다 가쓰요리군 1만 5000명 사이에서 일어난 전투—옮긴이)와 비슷하였다. 사파비 왕조는 이 패배를 계기로 군의 대개혁에 착수하였다.

오스만군의 승승장구를 뒷받침한 것은 강한 군사력만이 아니라 그리스도교 국가들의 공동보조가 흐트러진 것도 큰 원인이었다. 오스만제국은 비잔티움제국과 줄곧 적대 관계는 아니었다. 한때 비잔티움제국의 용병으로 활동한 적도 있었고, 발칸 제후들 사이에서도 오스만군에 호응하는 자들이 있었다. 물론 적대하는 제후들도 있었지만, 앞선 코소보 전투에서 오스만군의 절반 이상은 그리스도교 제후들의 군대로 이루어졌다.

오스만제국의 최전성기는 제10대 술탄, 즉 1520년에 즉위한 술레이만 1세Süleyman I 때이다. 그가 1529년에 감행한 오스트리아의 빈 포위전은 비잔티움제국이 멸망한 것보다도 유럽에 훨씬 더 강한 충격을 주었다. 당시의 빈은 가톨릭 세계의 약 3분의 1을 지배하에 둔 합스부르크제국의 수도였기 때문이다.

술레이만이 통솔하는 오스만군은 총 12만 명 이상이고, 빈을 지키는 쪽은 5만 몇 천 명이었다. 9월 27일에 빈을 포위했는데, 항복 권고가 거절당하자 즉시 전투가 개시되었다. 하지만 여건상 대형 대포를 운반해오지 못한 탓에 쉽사리 성문은 열리지 않았다. 그 사이 겨울의 추위를 견뎌야 하는 상황이 되자, 10월 14일 술레이만은 깨끗하게 전투를 접고 조용히 철수했다. 이때 그의 과감한 판단력은 훌륭했다.

한편 1683년의 제2차 빈 포위전 때는 오스만군이 성을 공격하는 동안 합스부르크 측의 원군이 도착했다. 이때 오스만군은 참패를 당하고 헝가리의 대부분과 슬로베니아, 크로아티아의 일부를 잃게 되었다. 제1차 빈 포위전 때와 비교하면 유럽 국가들의 군사력이 대폭 증강된 것에 비해, 오스만제국은 변혁에 등을 돌렸기 때문에 군사력의 역전을 허용하고 말았다.

7

제1차 세계 대전

신무기의 등장과 철모의 보급

세계 대전이라고 하면 주로 제2차 세계 대전을 떠올리지만, 유럽인은 보통 제1차 세계 대전을 지칭한다. 왜냐하면 제1차 세계 대전은 종래의 전쟁과 양상이 완전히 다른 데다가 이전과는 비교가 되지 않을 정도로 막대한 피해를 초래했기 때문이다.

제1차 세계 대전은 독일의 비스마르크의 실각 이후 유럽에 불안한 정세가 한층 더해져, 영국·프랑스·러시아 진영과 독일·오스트리아–헝가리제국·오스만의 3대 제국 진영 사이에서 벌어졌다. 독일은 동서 양쪽 전선에서 동시에 적과 대치해야 하는 상황이었다.

그래서 독일은 슐리펜 계획이라는 작전을 세웠다. 러시아군이 집결하는 데 시간이 걸릴 것이라는 예측 아래 독일의 8개 군단 중 7개 군단을 서부 전선으로 돌려 벨기에 영내를 통과해 6주 안에 프랑스를 굴복시키고, 이후 전군을 동부 전선으로 돌려 러시아를 친다는 작전이었다.

그러나 벨기에가 독일군의 통과 요청을 거절한 점, 러시아군의 집결이 생각보다 빨랐던 점, 보급로가 너무 길어진 점 등이 겹쳐 전쟁은 장기전, 그것도 참호전과 세계사상 유례없는 총력전으로 발전했다.

기존의 전쟁이 군인들끼리의 싸움으로 끝난 것에 비해 제1차 세계 대전에서는 각국의 경제, 문화, 사상, 선전 등 모든 부문을 전쟁 목적으로 재편하고 국민 생활을 통제해서 국력을 총동원하였다.

참호전은 미국의 남북 전쟁에서 처음 도입되었는데, 제1차 세계 대전에서는 크게 확대되어 최전선이 하루에 몇 센티미터밖에 움직이지 못하는 상황이 계속되었다. 참호 내에는 비위생 또는 불쾌함이 극에 달했고 고인 빗물 탓에 무좀에 걸린 사람, 동절기의 추위로 동상에 걸린 사람, 쥐 때문에 진저리를 치는 사람, 끊임없는 공포로부터 정신이 이상해지는 사람이 속출했다. 또 많은 군인이 참호에 계속 틀어박혀 있기 때문에 자칫 부주의한 총기 사고로 목숨을 잃기도 했다.

한편 참호전에 적합한 무기 개발이 추진되고 전차, 폭격기, 수류탄, 개량형 기관총, 독가스, 화염 방사기 등 제1차 세계 대전 중에 많은 신무기가 등장했다. 몸을 지키는 장비로 철모가 보급된 것도 이때의 일이다.

최전선은 거의 변동이 없는데도 사상자는 늘어만 갔다. 패전국이 된 독일의 전사자 수는 293만 7000명으로 전군의 약 15퍼센트에 이르렀고, 전승국이지만 국토가 주요 전장이 된 프랑스에서도 군인으로 동원한 800만 명의 남자 중 140만 명이 전사했다. 6명 중 1명이 전사한 셈으로 그중에서 약 7만 5000명은 베트남이나 세네갈 등의 식민지 출신 병사였다.

식민지에서 병사를 동원한 것은 영국도 마찬가지였고, 독립을 승인해줄 듯한 영국의 말에 속아 중동이나 유럽 전선에 투입된 인도인만 무려 110만 명에 이르렀다. 전쟁 시작 전에 25만 명이었던 영국 육군의 병사 수는 전쟁 동안 570만 명으로 불어났는데, 그래도 충분치 않아서 오스트레일리아나 뉴질랜드 등 세계에 흩어진 식민지에서 최대한의 징병 그물망을 펼쳤다.

영국 본토인 그레이트브리튼섬에서는 다른 나라와 정반대의 상황도 볼 수 있었다. 영국 귀족에게는 노블레스오블리주(고귀한 의무)라는 개념이 있는데, 신분이 높은 사람이 자발적으로 위험한 역할을 책임지지 않으면 안 된다고 여겼다. 그 결과 영국군 중에는 소득이 높을수록 사망률이 높은, 다른 나라에서는 결코 볼 수 없는 상황이 연출되었다. 전쟁이 끝날 때까지 귀족과 그 상속자의 5분의 1이 사망했다. 다시 말해 가문의 대가 끊기는 사태마저 생겼다. 전사자의 41퍼센트가 농민이었던 프랑스와는 큰 차이를 보였다.

당연하지만 고아와 미망인도 많이 발생했고 남녀의 인구 비율도 크게 불균형 상태가 되었다. 제1차 세계 대전을 겪는 동안 인적 피해만큼이나 물적 피해도 막대했다. 프랑스의 대표적인 곡창 지대와 공업 지대인 북부와 북동부 지역이 주전장이었기 때문에 1919년의 밀 생산량은 전쟁 시작 전의 58퍼센트에 불과했고, 전쟁을 통해 프랑스가 입은 손실 총액은 추정이 불가능할 만큼 어마어마했다. 서유럽만 놓고 보자면 제1차 세계 대전은 어느 누구도 이익을 본 사람이 없는 전쟁이었다.

8

핵무기

핵무기의 엄청난 파괴력에 놀란 국제 사회

시작은 1938년 독일 화학자 오토 한Otto Hahn과 프리츠 슈트라스만Fritz Strassmann이 핵분열 반응을 발견한 때부터였다. 이듬해에는 핵분열 연쇄 반응이 막대한 에너지를 생성해 내고 강력한 무기가 될 수 있다는 사실이 판명되었다.

이 소식은 독일 출신 이론 물리학자 알베르트 아인슈타인Albert Einstein으로부터 미국의 프랭클린 루스벨트 대통령에게 전해졌다. 미국 정부는 나치 독일에게 선수를 뺏기면 절대 안 된다는 위기의식 속에 영국과 정보를 교환하면서 비밀리에 계획을 세웠다. 1942년 8월, 마침내 '맨해튼 관구'라는 암호명을 붙인 프로그램을 진행하여 본격적인 원자 폭탄 개발에 착수했다.

일본의 히로시마(왼쪽)와 나가사키(오른쪽)에 투하된 원자 폭탄의 버섯구름

독일과 일본에서도 원자 폭탄을 개발하고 있다고 믿은 미국 정부는 벨기에에서 한창 격전이 벌어지는 와중에 벨기에의 연구 시설을 급습하도록 특수 부대에 명령했다. 그러나 그곳에서 알게 된 것은 독일이 핵개발을 예산과 시간적인 문제로 기초 단계에서 포기했다는 사실이었다. 그렇지만 미국은 핵 개발을 멈추지 않았고, 1945년 7월 16일 최초의 핵폭발 실험에 성공했다.

그리고 8월 6일에 일본의 히로시마, 9일에 나가사키에 원자 폭탄을 투하했다. 일본이 포츠담 선언을 받아들인 뒤, 일본에 주둔한 미군은 그곳에서 맥 빠지는 정보를 접했다. 빠듯한 예산 때문에 1년 안에 성과를 낼 수 없는 계획은 중지하라는 군의 방침에 따라, 독일에서 잠수함으로 운반해 왔던 플루토늄을 중심으로 한 일본의 핵 개발은 일찌감치

중단되었던 것이다.

제2차 세계 대전 후인 1952년 11월 미국은 수소 폭탄의 폭발 실험에도 성공했고, 이에 맞서 소련에서도 원자 폭탄과 수소 폭탄의 폭발 실험에 성공했다.

핵무기의 엄청난 파괴력에 두려움을 느낀 미국, 영국, 소련 3국은 1963년 8월, 부분적핵실험금지조약PTBT, Partial Test Ban Treaty을 체결했지만, 후발 핵보유국인 프랑스와 중국은 이 조약에 대한 가맹을 거부했다.

그래서 1968년에 다시금 1967년 1월 1일 이전에 핵실험을 한 영국·미국·소련·프랑스·중국, 다섯 나라를 핵무기 보유국으로 한정하고, 그 외 다른 나라들이 핵무기를 보유하지 못하도록 하는 핵무기비확산조약NPT, Nuclear Nonproliferation Treaty을 체결하였다.

하지만 세계의 군사 대국 중에는 이 조약이 불평등하다며 가입을 거부하는 국가가 생겨났다. 인도는 1974년 5월에 평화를 위한 목적이라며 지하 핵 실험을 실시하였고, 인도의 적대국인 파키스탄도 1998년에 실험을 강행하여 핵보유국이 되었다. 공식 성명은 없지만 중동의 이스라엘도 핵무기 보유국인 것은 공공연한 사실이다. 인도, 파키스탄, 이스라엘 이 세 나라는 여전히 미가입 상태이다.

이런 상황에서 국제 사회가 가장 우려하는 곳은 파키스탄이다. 이슬람주의를 한층 강화하는 추세인 파키스탄으로부터 대량 살상 무기가 이슬람 과격파의 손에 넘어가 마음대로 사용된다면 세계 질서는 엉망진창이 되고 말 것이다. 이를 막기 위해 파키스탄에 압력을 가하면서도 가능한 자극을 주지 않도록 주의를 기울이고 있다.

한창 미국과 소련의 동서 냉전이 절정이던 시기에는 끊임없이 핵억지론이 주창되었다. 한쪽이 핵무기를 사용하면 상대도 보복하기 때문에 결과적으로 공멸한다. 따라서 절대로 핵무기가 사용될 법한 상황을 만들지 않아야 한다는 공동 인식 때문에 전쟁이나 도발 행위를 억제할 수 있다는 논리였다. 하지만 그것은 기존 핵무기 보유국 사이에서만 적용되는 논리이고, 현실은 냉전 종결 후 세계 각지에서 지역 분쟁이 계속 끊이지 않고 있다.

9

걸프 전쟁

산산조각 난 사담 후세인의 야망

1990년대 이후에 태어난 독자들에게는 동서 냉전의 종결이나 걸프 전쟁이 베트남 전쟁, 태평양 전쟁과 함께 옛날 옛적의 일로 여겨질지 모르겠다. 어쩔 수 없는 일이지만 현재의 국제 문제와 직결되는 사건에 대해 무지한 것은 현대인으로서 부끄러운 일이다. 최소한의 사실 관계만이라도 알아 둘 필요가 있다.

걸프 전쟁은 1990년 8월 2일부터 1991년 2월 28일까지 벌어진 이라크와 미국을 중심으로 한 다국적군 사이의 전쟁이다.

다국적군은 군사 관련 시설에 대한 공중 폭격을 한 달 이상 계속했고, 2월 24일부터는 지상전을 개시하였다. 이라크군을 압도하고 2월 28일에 정전을 선언했다. 전쟁의 목적이 이라크에 의해 점령된 쿠웨이트의 해방에 있었기 때문에 지상군은 이라크 영내로 침공하지 않았다.

여기에서 중요한 점은 두 가지이다. 왜 이라크는 쿠웨이트를 침공해서 병합 선언까지 했는가, 어떻게 다국적군의 결성이 가능했는가 하는 점이다. 전자를 설명하기 위해서는 이라크의 건국 때부터 이야기를 시작해야 한다.

제1차 세계 대전이 시작하기 전까지 서아시아 일대는 오스만제국의 일부이면서 영국의 반식민지에 가까운 상황에 놓여 있었다. 현재의 이라크, 쿠웨이트, 요르단, 이스라엘, 팔레스타인 자치구는 제1차 세계 대전이 끝난 후인 1921년, 영국의 위임 통치하에 놓이고 가까운 장래에 독립을 약속받았다. 하지만 영국은 기득 권익을 완전히 놓을 마음이 없었기 때문에, 쿠웨이트를 실효 지배하는 사바 가문과 재빨리 비밀 협정을 맺는다. 그래서 1932년 이라크왕국이 건국되었을 때에도 쿠웨이트는 영국의 보호국 상태였고 1961년에야 정식으로 독립국이 되었다.

그보다 앞선 1958년에 이라크는 공화제로 이행했는데 쿠웨이트를 자국의 일부로 삼겠다는 주장을 계속했다. 1963년에 쿠웨이트의 국제 연합 가입이 인정되자 이라크는 마지못해 쿠웨이트의 독립을 승인했지만, 그렇다고 완전히 포기한 것은 아니었다.

1979년에 성립한 사담 후세인Saddam Hussein 정권의 이라크는 1980년 9월부터 1988년 8월까지 이란과 전쟁을 계속했다. 미국이나 페르시아만 국가들로부터 많은 금전적 지원을 받고 있었다고 해도 9년이나 계속된 전쟁으로 인해 경제적 타격을 입었다. 사담 후세인은 이 위기에서

빠르게 탈출하는 수단으로 석유 가격 인상을 계획했다.

사우디아라비아를 비롯한 석유수출기구OPEC 가맹국 대부분은 이에 승인했지만, 쿠웨이트와 아랍에미리트만이 반대하며 저가로 증산하는 노선을 유지해야 한다고 주장했다.

이 일로 인해 이라크와 쿠웨이트의 관계는 한층 악화되었는데, 양국에는 그 이전부터 얽힌 문제가 있었다. 쿠웨이트는 북쪽과 서쪽으로는 이라크, 남쪽으로는 사우디아라비아와 국경을 접하고 동쪽은 페르시아만에 면하는 소국인데, 동북 해상에 있는 부비얀섬과 와르바섬도 영유하였다. 이라크는 석유를 수출할 때 이란과의 국경을 흐르는 샤트알아랍강을 이용하든가, 통행료를 지불하고 쿠웨이트의 부비얀섬과 와르바섬 사이의 좁은 수로를 통과할 수밖에 없었다. 후자의 자유 통행은 사담 후세인만이 아니라 역대 이라크 정권이 똑같이 바랐던 일이다.

이래저래 이라크는 쿠웨이트에 대한 증오의 감정이 한층 더해졌다. 결국 1990년 7월, 쿠웨이트가 이라크 남부의 루메이라 유전을 도굴하고 있다는 트집을 잡아 국경 부근에 이라크군을 집결시켰다.

이대로는 위험하다고 판단했는지 쿠웨이트는 마침내 유가 인상에 동의했지만 때는 이미 늦었다. 1990년 8월 2일 새벽, 이라크군은 쿠웨이트를 침공하였다. 한나절도 걸리지 않아 전역을 제압하고, 8일에는 이라크와 쿠웨이트의 병합을 선언했다.

이에 국제연합안전보장이사회는 발빠르게 움직여 8월 3일에는 즉시 이라크군의 철수를 요구하고, 6일에 이라크로의 전면 금수禁輸(수출

입금지)도 결의하였다. 11월 29일에는 이듬해 1월 15일까지 철수하지 않을 경우 쿠웨이트의 해방을 위해 무력행사를 용인한다는 결의도 채택했다.

이렇게까지 일사천리로 진행된 이유는 동서 냉전이 서방 진영의 승리로 끝났고, 소련의 힘이 상대적으로 약해졌다는 점을 들 수 있다. 소련은 자국의 경제 재건을 우선순위로 둔 이상 국제적인 협조 노선을 취하지 않을 수 없었다. 소련은 상임이사국의 특권인 거부권을 행사하지 않았고 이라크를 위해 그 어떤 발언도 하지 않았다. 결국 이라크군의 쿠웨이트 침공으로 시작한 페르시아만의 위기는 걸프 전쟁으로 바뀌었고, '사막의 폭풍 작전'이라고 명명한 다국적군의 군사 작전에 의해 사담 후세인의 야망은 산산조각이 났다.

제6장

기후를
파악하면
세계사를
알 수 있다

최종 빙기의 종료
인류의 정주화와 문명 탄생의 조건 정비

50만 년 전부터 오늘날까지 지구는 대략 10만 년을 주기로 빙기와 간빙기를 되풀이하고 있다. 간빙기는 빙기와 빙기 사이에 있는 온난한 시기를 일컫으며 현재는 간빙기에 해당한다.

가장 가까운 빙기는 약 11만 년 전부터 1만 년 전까지 이어졌고, '최종 빙기'라고 부른다. 두 번 다시 빙기가 찾아오지 않는다는 뜻은 아니며, 어디까지나 현 인류사의 시점에서 부르는 용어이다.

인류사상 가장 온난했던 때는 약 8000년 전부터 6000년 전으로, 인류가 정주 농경 생활을 시작한 시기와 일치한다. 수렵 채집 생활에서도 하루하루 식사에 불편함은 없었겠지만, 자연재해에 대비한 비축이라는 점에서는 역시 농경 생활이 유리하다는 점을 부인할 수 없다.

수렵 채집 생활에서 정주 농경 생활로의 이행기에 인류는 무엇을 먹고 살았을까? 그 대답은 화석이나 인류가 남긴 벽화를 통해 엿볼 수 있다.

아프리카 알제리 남동부의 타실리-나제르 벽화는 현재 뜨거운 모래에 뒤덮여 있다. 하지만 벽화 속에는 약 8000년 전부터 6000년 전에 풍부한 물과 울창한 녹지에서 코끼리, 하마, 무소, 기린 등이 서식하고 있었다는 사실을 보여 준다.

현재 열대 초원인 사바나 지역에서만 서식하는 동물들이 그 지역에 활보하고 있었다면 먹잇감인 풀과 나무, 과일들이 풍성하게 있었음이 분명하다.

6000년 전부터 3500년 전의 벽화에는 소, 3500년 전부터 2200년 전까지의 벽화에는 말, 2200년 전 이후에는 낙타가 그려져 있는 점으로 보아 건조화가 서서히 진행된 과정을 알 수 있다.

인류가 정주 농경 생활을 시작한 것은 우연한 산물이라고 생각된다. 야생 곡물이 정기적으로 열매를 맺고, 게다가 과일과 달리 장기 보존이 가능하다는 것을 깨닫고 인공 재배를 위해 정주를 결정했을 것이다.

사람들은 정기적인 수확물을 신의 은총으로 이해하고 그 기원을 이야기하는 신화를 창조해 냈다. 신화학의 세계에서는 음식 기원 신화를 크게 두 유형, '하이누벨레Hainuwele 형'과 '프로메테우스Prometheus 형'으로 분류한다. 전자는 신이나 신과 비견할 만한 존재의 사체에서 음식이 기원했다는 것이고, 후자는 신이 인간을 위해 천계로부터 음식의 원료를 훔쳐다 주었다는 것이다.

하이누벨레형 신화의 예로 한국 제주도의 '문전본풀이' 신화를 들수 있다.

이 신화의 마지막 내용에 따르면, 본부인으로 가장한 계모가 일곱 형제의 막내에게 들켜서 변소로 도망쳐 목을 매 자살을 한다. 그러자 아들들은 계모 사체를 다른 생물들로 화신시키는데 머리에서 돼지 먹이통이 생기고, 머리카락은 해조류, 귀는 소라, 손톱은 군부(딱지조개), 입은 솔치(물고기), 음부는 전복, 항문은 말미잘, 간은 해삼, 창자는 뱀, 배꼽은 굼벵이, 몸뚱아리는 각다귀와 모기가 되었다고 한다.

한편 프로메테우스형 신화의 예로는 그리스 신화 속 데메테르와 페르세포네 이야기를 들 수 있다. 대지의 신인 데메테르는 최고신 제우스와의 사이에서 딸 페르세포네를 얻었다. 하지만 지하 세계의 신인 하데스가 성장한 페르세포네를 데려가 버리자, 데메테르는 제우스에게 호소하여 페르세포네를 돌아오게 하였다.

그러나 하데스의 꼼수로 페르세포네는 지하 세계의 음식만 먹을 수 있었고, 데메테르가 또다시 간청하자 제우스는 고민에 빠진다. 자신이 최고신이기는 하지만 하데스는 동생이고, 하데스의 세력권인 지하 세계의 일에 참견하는 것이 내키지 않았기 때문이었다.

결국 페르세포네를 1년 중 3분의 1은 지하 세계에서, 3분의 2는 지상에서 지내도록 하는 타협안으로 하데스의 양해를 얻고 사건은 해결되었다. 데메테르는 이를 받아들이고 지상에 밀 재배를 널리 보급했다는 것이 이 신화의 줄거리이다.

고대인에게 농경의 기원은 신비로운 영역이고, 신의 관여 없이는 설명이 불가능했던 것이다.

2

기원전의 기후 변동

인더스 문명의 쇠퇴 원인

남아시아 북서부에서 꽃피운 인더스 문명은 이집트 문명이나 메소포타미아 문명에 비해 화려하지 않다고 생각하기 쉽다. 하지만 실제 문명권의 넓이로만 따지면 이집트 문명권과 메소포타미아 문명권을 능가하였다. 인더스강에서 300킬로미터 이상 떨어진 인더스강 유역이라고부를 수 없는 곳에서도 동시대의 동질의 도시 유적이 확인되었다.

인더스 문명이 탄생한 것은 기원전 2500년경이고, 기원전 1800년무렵부터 쇠퇴하기 시작해 기원전 1500년 즈음에 자취를 감추었다.

얼마 전까지는 아리아인의 침입으로 인더스 문명이 멸망했다고 생각했다. 하지만 방사성 탄소에 의한 연대 측정법의 발전과 더불어 이를의문시하는 목소리가 높아졌다.

그렇다면 인더스 문명의 실제 멸망 원인은 무엇일까? 지금까지 홍수설, 지각 융기에 의한 범람설, 주요 하천의 유로流路 변경설 등 다양한 설이 거론되었지만 모두 결정타가 부족하다.

그중에 비교적 유력한 설은 기후 건조화에 따른 염해鹽害가 농업 생산을 감퇴시키고, 도시 문명을 유지할 수 없게 만들었다는 내용이다. 염해란 땅속의 염분이 증가하는 것으로 토지의 비옥도가 현저히 떨어지는데, 당시 기술로는 자연에 회복을 맡기는 것 외에 달리 방법이 없었을 것이다.

다시 말해, 이 염해설은 기원전 2500년경에 습기가 많았던 인더스강 유역이 주기적인 저기압의 이동에 의해 건조화되었다는 것이다. 실제 꽃가루 분석이라는 고생태학적 연구에서 동시기의 기후 변동 상황이 확인되었다.

하지만 아직 설명이 충분치 않은 부분이 있다. 인더스 문명권의 각 도시마다 상당수의 주민이 있었을 터인데, 도대체 그들은 어디로 옮겨 간 것일까? 여전히 해독되지 않는 인더스 문자는 왜 전승되지 않았을까? 현재 파키스탄의 정세가 불안한 관계로 새로운 발굴 및 조사가 어려운 상황이어서 심층적인 연구의 큰 장애가 되고 있다.

조금 더 시대를 내려와 기원전 800년부터 700년 무렵, 남미 안데스 산맥의 북쪽 해안에서부터 중앙 해안의 거대한 제단이 일제히 방치되고, 그 주변에 있었을 주민의 흔적은 모두 완전히 사라졌다. 주거 흔적은커녕 경작지, 생활 용품에 이르기까지 말이다.

안데스 문명의 소멸에 관한 가장 유력한 근거는 엘니뇨 현상이다. 해수면 온도의 상승으로 인해 대규모 호우와 홍수 그리고 산사태가 일어나 모든 것을 휩쓸었고 땅속 깊이 쓸려 들어갔다는 설로, 확증은 부족하지만 유력한 반론도 나오지 않는 상황이다.

인더스 문명과 안데스 문명의 중간 시기로, 중국에서 은 왕조가 멸망한 것은 기원전 1023년경이다. 전한의 사마천司馬遷이 저술한 《사기》에서는 은의 멸망 원인을 악정惡政 때문이라고 단정했지만, 이 책은 역사책이라기보다 이야기 같은 느낌이 많이 들고 오래된 시대의 이야기일수록 신뢰도가 낮아서 쓰인 대로 다 받아들이기가 어렵다.

현재의 허난성에 수도를 정한 은나라를 무너뜨린 주나라는 현재의 산시성에 수도를 정했다. 몇 차례 천도를 하면서도 황허 유역에서 벗어나려 하지 않았던 은나라에 비해 주나라가 수도를 정한 곳은 황허의 지류 부근이었다. 물론 단순히 본래의 근거지에 가까운 곳을 택했을 가능성도 있다. 어쩌면 가설이긴 하지만 은나라가 거듭되는 황허의 범람으로 쇠퇴해 가는 것을 보고 반면교사로 삼았을 가능성도 배제하기 어렵다.

황허는 고마운 큰 강임과 동시에 큰 위협이기도 했다. 장마가 계속되면 쉽게 범람해서 어지간한 제방 정도는 쉽게 무너뜨리는 위력을 가졌기 때문이다.

3

2세기의 자연재해
동아시아에서는 후한을, 유럽에서는 로마제국을 뒤흔들다

인기가 높은《삼국지》는 황건의 난에서부터 이야기가 시작된다. 황건의 난은 태평도라는 교단이 세상을 바로잡겠다는 기치를 내걸고 무장봉기한 난으로, 한때는 후한을 상당히 위협할 정도로 맹위를 떨쳤다.

반란이 대규모로 번진 배경에는 잇따른 자연재해와 땅을 잃고 유민이 된 궁핍한 농민들이 증가했기 때문이다.

특별히 심각했던 상황만 간추려 보아도 109년에는 수도 및 전국 각지에서 큰비와 우박이 내리고, 산시성과 간쑤성에서는 대기근이 덮쳐 인육을 먹는 일도 서슴지 않았다.

147년 2월에는 후베이성과 안후이성에서 수많은 아사자가 속출하고, 같은 해 8월에는 수도 뤄양이 홍수로 극심한 피해를 입은 데다가 대지진이 발생해 또 수많은 사상자가 생겼다. 155년에는 수도 주변과 허베이성이 기근에 휩쓸려 역시 인육을 먹는 일이 횡행하였고, 166년 3월에 수도 주변과 안후이성을 덮친 기근으로는 열 명 중 네

심각한 기근으로 발생한 황건의 난을 진압했던 '삼국지'의 주역들

다섯 명이 굶어 죽고 일가족이 전멸한 경우도 드물지 않았다.

또한 매년 가뭄이나 메뚜기떼 등의 병충해가 어딘가를 덮치는 등 자연재해가 일상화가 되었는데, 내분을 일삼는 후한의 조정에는 이미 백성들을 구제할 여력도 의욕도 없었다. 궁핍한 농민들은 부농에게 노예처럼 종속되든가, 구걸하며 떠돌아다니든가, 재력이 있는 종교 집단에 기댈 수밖에 없었다.

이와 같은 비참한 상황에서 급속히 신자를 늘려 간 곳은 허베이성의 태평도와 산시성 남부의 오두미도였다. 조정 신료 중에는 수도 가까이에서 세력을 급속히 확대해 가는 태평도를 위험하게 보고 탄압을 주청하는 이도 있었다.

하지만 조정은 확실한 증거가 나올 때까지 기다리다가 거병 계획의 밀고자가 나오자 검거에 나섰다.

이에 태평도 측에서는 봉기 예정일을 앞당겨 거병을 단행했다. 조

정이 정쟁에만 몰두하지 않았다면 피할 수 있는 반란이었다.

후한에서 자연재해가 빈발했던 시기에 쿠샨 왕조(지금의 아프가니스탄에 위치)에서는 거의 10년에 걸쳐 천연두가 기승을 부렸다. 천연두는 최종 빙기의 종료와 함께 출현한 전염병으로 포창疱瘡이라 부르기도 한다. 직접 접촉하지 않아도 기침이나 재채기 같은 비말飛沫로도 감염되기 때문에 전염력이 상당히 강하다. 천연두는 18세기 말 영국의 의사 에드워드 제너Edward Jenner에 의해 종두법이 발견되기 전까지 높은 사망률로 사람들을 공포에 떨게 했다.

쿠샨 왕조에서 크게 유행한 천연두는 이란을 중심으로 번성했던 파르티아왕국의 아르사케스 왕조에도 퍼졌다. 당시 공교롭게도 파르티아와 로마가 아르메니아왕국의 종주권을 둘러싸고 격전을 펼치고 있었는데, 그러는 동안 천연두가 로마제국으로 퍼져 로마는 총인구의 4분의 1을 잃게 되는 막심한 피해를 입었다.

로마에 닥친 재난은 이것으로 그치지 않았다. 166년 말 마르코만니족을 중심으로 한 게르만계 민족들이 로마제국의 북쪽을 침공하기 시작했다. 마르코만니 전쟁은 180년까지 계속되었다.

분명히 로마제국의 약체화를 틈탄 행위였지만, 이웃 나라가 약해졌다고 해서 꼭 전쟁을 시작하는 법은 없다. 부득이 필요에 의한 침공이라고 봐야 할 것이다.

이후 375년 게르만족의 대이동은 훈족의 압박으로부터 도망치기 위해서 시작되었다. 하지만 마르코만니족의 로마제국 침입 배경에서 그러한 상황은 찾아볼 수 없었다. 그렇다면 극심한 식량 부족으로 인한 약탈 행위였을 가능성도 배제할 수 없고, 식량 부족은 어떤 자연재해가 원인이 되었을 가능성이 높다.

9세기의 이상 기후

북아시아의 한랭화와 중앙아메리카 마야 문명의 종언

이상 기후로 인해 농경 지대만 막대한 피해를 입은 것은 아니다. 초원이나 밀림 지대도 심각한 피해를 입었다.

　중국 당나라가 번성했을 때, 북아시아에서는 투르크계 민족인 돌궐이 패권을 장악하고 있었다. 하지만 744년에는 같은 투르크계의 위구르로 대체되었다.

　위구르는 안사의 난으로 시달리던 당나라에 원군을 보내는 등 계속 세력을 확대해 나갔고, 8세기 후반 동아시아 대륙부에는 위구르, 당, 토번(티베트) 삼국이 정립하였다.

　하지만 세력을 떨치던 위구르도 자연재해에는 속수무책이었다. 여러 해 거듭된 눈 피해에 내분까지 겹치며 급속도로 쇠약해졌고, 그 상태에서 같은 투르크계 민족인 키르기스의 도전을 받게 된다. 위구르는 다시 일어서지 못하고 결국 840년에 왕국은 무너졌다. 어쩔 수 없이 북아시아를 떠나야 했다.

같은 시기, 중앙아메리카의 과테말라 고지高地에서부터 유카탄반도에 걸쳐 번성한 마야 문명도 급속히 쇠퇴하였다. 마야 문명이 번영을 이룬 시기는 매우 길어서 편의상 선고전기先古典期, 고전기, 후고전기로 분류한다. 9세기에 급작스레 쇠퇴를 맞이한 것은 고전기 후기의 문명이었다.

종교적 중심지 역할을 했던 도시가 잇따라 방치되고 유카탄반도 북부만 남게 되었는데, 그 원인에 대해서는 농민 반란설, 내분설, 외적 침입설, 통상망通商網 파괴설, 역병설 등과 함께 기후 변동설과 농업 생산 저하설이 주장되고 있다.

마야 문명의 쇠퇴 원인은 한 가지가 아니라 여러 가지가 복합적일 가능성도 있다. 대규모 파괴의 흔적을 찾을 수 없다는 점에서 보면 기후 변동을 축으로 한 복합적 요인이 가장 타당성이 있다. 8세기 후반부터 40년간 서서히 건조화가 진행되다가, 810년 무렵을 경계로 상황이 급변하여 9년간 여섯 차례나 심한 가뭄이 덮쳤다. 그 후 비교적 평온한 시기가 42년간 이어지다가 3년 동안 비가 적게 내렸다. 다시 별 탈 없는 시기가 47년간 이어졌고, 이후 910년부터 6년간 세 차례 극심한 가뭄에 시달리다가 고전기 마야 문명은 종언을 맞는다.

마야 문명 유적에는 비의 신인 차크Chac의 석상이 많은데, 이는 농경 생활을 비롯한 일상생활에서도 비에 많은 부분을 의지했다는 표상일 것이다.

9세기에 이상 기후가 북반구 전체에 영향을 미쳤다면, 같은 시기 유럽에서 일어난 사건과도 관련이 있을 수 있다. 바로 바이킹의 약탈이 활발해진 것이다.

바이킹은 북유럽 사람들을 가리키는 노르드어 vikingr에서 유래하였고, 그 어원에 대해서는 '작고 좁은 만'을 뜻하는 단어 vik에 '자손, 사람'을 의미하는 ingr가 합쳐진 합성어라는 설과 '떠나다, 움직이다, 방향을 바꾸다'를 의미하는 동사 avviker에서 유래했다는 설이 있다.

기록에 남은 최초의 바이킹 습격은 793년으로, 장소는 잉글랜드 북동쪽 해안에 있는 린디스판섬의 수도원이었다. 수도원에는 부유한 신자들에게 기부받은 금은보화가 많이 숨겨져 있지만 방비는 허술해서 바이킹에게 딱 좋은 먹잇감이었다.

바이킹은 11세기까지 계속해서 유럽 각지를 습격했다. 바이킹에 의한 피해는 9세기에 가장 심했는데, 885년부터 이듬해인 886년까지 프랑스 파리가 포위되는 사태가 벌어지기도 했다. 간신히 파리 함락은 면했지만, 주변 지역은 철저히 유린당했고 프랑스의 전신에 해당하는 서프랑크왕국의 체면이 말이 아니었다.

바이킹의 습격이 활발해진 배경에는 인구 과다와 식량 부족을 생각할 수 있는데, 이 두 가지 모두 상관관계가 있다.

인구 폭발이 먼저 일어난 건지, 아니면 식량의 절대적인 부족이 먼저였는지는 알 수 없다. 하지만 식량의 부족이 먼저였다면 그 원인으로 우선 이상 기후를 생각할 수 있다. 작황이 부진하거나 어획량 혹은 사냥감의 급감이 사람들을 약탈 행위로 내몬 것은 아닐까. 그것이 바이킹 습격의 절대적인 원인은 아니더라도 하나의 요인으로는 충분히 작용했을 것이다.

5

14세기의 이상 기후

유럽의 흑사병 유행과 중국의 잇따른 반란

유럽에서는 1314년부터 3년 연속으로 비가 많은 여름과 춥고 습한 가을이 반복되었다. 작물의 수확량이 급감한 데다가 염전에서는 습기 때문에 물이 잘 증발하지 않아 소금 부족 현상도 생겼다. 냉해가 대기근으로 이어졌다.

절박한 굶주림에 직면한 사람들은 인육에 손을 대든가, 장거리를 무릅쓰고 비교적 피해가 적은 지역으로 이동하는 것밖에 달리 살아남을 방법이 없었다. 갓난아이를 키울 수 없어서 교회나 부유한 집 문 앞에 두고 오는 사람이 끊이지 않았다.

이상 기후가 끝났나 싶을 무렵, 이번에는 더 무시무시한 흑사병(페스트)이 유럽 전역을 휩쓸었다.

수많은 사람의 목숨을 앗아간 흑사병의 유행

흑사병의 세계적인 유행은 통틀어 세 차례 정도이다. 첫 번째는 현재의 우간다와 케냐 근처에서 시작해 비잔티움제국으로 퍼졌고, 541년부터 750년까지 수차례 반복되었다. 두 번째는 14세기에 유럽을 공포의 도가니에 휩싸이게 했는데, 당시 러시아 영토였던 크림반도에서 시작해 이탈리아의 제노바 상인에 의해 바닷길을 타고 시칠리아로 옮겨졌다.

1347년 시칠리아에 흑사병이 상륙한 후 폭발적으로 번져 그해 말까지 시칠리아섬 주민의 3분의 1이 목숨을 잃었다. 또 이탈리아반도의 제노바와 피사에서는 인구가 30~40퍼센트 정도 감소했고 베네치아, 피렌체, 시에나에서의 사망률은 그 이상이었다.

프랑스에서는 지중해 연안의 마르세유에서부터 시작하여 주민의 5분의 4가 사망했다고 전해진다. 그 후 몇 년 사이에 프랑스 전역으로 확산되었고 약간의 지역 차는 있지만, 프랑스 총인구의 약 60퍼센트가 목숨을 잃는 참혹한 지경에 이르렀다.

중세 유럽의 의학에서는 흑사병의 원인에 대해 알 도리가 없었다. 대신 유대인이 우물에 독극물을 넣었다는 설, 신에 의한 징벌설 등 갖가지 설이 분분했다. 유대인 음모설의 막바지는 유대인에 대한 박해로, 신의 징벌설의 최후는 자신의 몸을 채찍으로 때리는 고행단의 등장으로 이어졌다. 군중이 이성을 잃고 정도를 벗어난 행동으로 질주하는 등 흑사병의 맹위는 멈출 줄 몰랐다.

그리고 세 번째 흑사병의 유행은 중국의 윈난성에서 시작하여 1860년대부터 1950년대까지 이어졌다.

한편 중국에서도 14세기에 여러 해에 걸친 이상 기후로 극심한 피해를 입었다. 최초의 대기근에 휩싸인 때는 1328년으로, 치열한 권력 투쟁만 일삼던 원나라 조정은 무엇 하나 유효한 대책을 강구하지 못했다.

이듬해 4월에는 산시성 일대에서 굶주린 백성 123만 4000명과 유민 수십만 명이 발생했다. 곡창 지대인 안후이성부터 간쑤성 일대에서도 굶주린 백성 60여만 호, 대도(지금의 베이징)부터 허난성 일대에서도 기아에 허덕이는 주민 67만 6천여 호가 발생했다.

5월에는 아사하는 군인이 속출하고, 6월에는 저장성에도 피해가 퍼졌으며, 7월에는 매우 광범위한 범위에서 메뚜기떼에 의한 엄청난 피해가 보고되었다.

전국 방방곡곡이 피폐해지는 와중에 1333년 6월에 큰비가 쏟아져 황제의 거주지인 베이징과 그 주변이 침수되어 또다시 40만 명의 난민이 발생했다. 또 황허의 둑이 터져 산시성, 간쑤성, 허베이성, 허난성 등이 큰 물난리를 겪었는데, 이와는 대조적으로 강남의 장쑤성과 저장성에는 비가 내리지 않아 벼가 자라지 않았다.

앉아서 굶어 죽기를 기다리든가, 인육을 먹고 굶주림을 견딜 것인가, 구걸을 하며 각지를 떠돌아다닐 것인가. 사람들에게 남은 선택은 이 정도밖에 없었는데, 세 번째의 행동을 택한 사람들 중에 주원장朱元璋이라는 소년이 있었다. 후에 명 왕조를 세우는 그는 가난을 이유로 절에 맡겨졌으나, 그곳에서도 식량이 떨어져 탁발로 연명해야만 하는 상황이었다.

하지만 마침내 제4의 선택지를 발견한 사람들이 나타났다. 무력으로 식량 창고를 털어 식량을 빼앗으면서, 원 왕조를 무너뜨리고 새로운 세상을 만들려고 한 사람들이다. 1344년 5월, 화북 지역 일대에서 20일 이상 계속 내린 큰비로 황허가 범람해서 큰 피해가 나자, 세상을 바꾸려는 기운이 급격하게 높아졌다. 이렇게 해서 1351년 5월, 백련교라는 불교계 종교 단체에 의한 홍건의 난이 일어났고, 이를 계기로 황허 이남 지역은 군웅할거 상태에 빠진다.

6

화산의 분화

프랑스 혁명의 직접적 원인이 된 아이슬란드의 화산 폭발

1993년 일본은 장마가 걷히지 않은 채로 가을을 맞이하는 기이한 체험을 했다. 그리고 일본 역사상 매우 드문 냉해가 닥쳤다. 종전 직후라면 모르겠지만, 고도의 경제 성장 이후 쌀이 부족한 상황은 처음 겪는 일이었다. 특히 쌀 없이 살아갈 수 없는 중장년층은 크게 동요하였고, 가전 양판점에서 쌀이 판매되었을 때 장사진을 치기도 했다.

이 냉해의 원인은 1991년 필리핀에서 발생한 피나투보화산의 분화였다. 화산 분화가 미치는 영향은 국경과 상관이 없다. 또한 멀리 떨어진 곳까지 막대한 피해를 끼치는 것은 분화 직후가 아닌 몇 년 뒤에 나타나기도 한다. 즉 분화 직후 화산재 등의 화쇄류나 용암의 피해를 면했다고 해서 안심하기는 이른 것이다. 더 심각한 피해는 몇 년 뒤에 찾아올 수도 있다.

화산의 분화가 역사를 움직인 사례로는 1783년 6월부터 이듬해 2월까지 계속된 아이슬란드 라키화산의 폭발(무려 8개월 동안이나 지속되었다. 대대적으로 분화하며 지진을 동반했고 약 25킬로미터의 금이 생겼다. 용암 대지의 생성이 목격된 유일한 분화로 아사를 포함하여 주민의 약 20퍼센트(1만 명이상)와 가축의 약 70퍼센트가 죽었다. ─옮긴이)과 1789년 7월에 시작하는 프랑스 혁명을 들 수 있다.

프랑스에서는 라키화산이 폭발하기 전부터 흉작이 이어져 1775년 봄에는 파리를 비롯한 주요 도시에서 식량 폭동이 일어났다. 하지만 이는 곤궁에 처한 군중의 무차별적 약탈은 아니었다. 방앗간이나 빵가게를 습격하는 것까지는 같았지만 자기들끼리 가격을 정하고 대금을 지불한 뒤에 떠나는 지극히 온당한 행위였다. 약탈의 대상이 된 곳은 사재기나 은닉이 의심되는 가게에 한했다.

하지만 라키화산의 분화 후 상황은 크게 바뀌었다. 헌법 제정 국민의회의 성립 후에도 개선의 조짐이 전혀 보이지 않는 상황에 사람들의 분노가 쌓였다. 1789년 10월 4일부터 파리의 팔레 루아얄(파리 루브르궁 북쪽에 위치한 프랑스의 역사적 건물로, 현재는 화랑으로 둘러싸인 정원과 현대 미술을 감상할 수 있는 장소이다. ─옮긴이)에 여성들이 모여 "베르사유에 가서 왕에게 빵을 달라고 하자."라며 기세를 올리기 시작했다. 파리의 팔레 루아얄은 저택 소유주인 오를레앙공公이 정원을 빙 둘러싸듯 지은 건물로, 이 무렵에는 레스토랑, 카페, 상점 등이 즐비하게 늘어선 유명한 번화가였다.

기세를 올린 다음 날, 여성들은 제각각 무장을 하고 베르사유로 향했다. 가는 길마다 합류하는 여성도 적지 않아서 베르사유에 도착했을 무렵에는 그 수가 7000명에 이르렀다. 합류를 희망하는 남성도 많았지만 여성들은 달가워하지 않았다. 그녀들은 어떤 정치적 행동도 아닌, 그저 순수하게 배고픔을 해결하고자 이 행렬에 나선 것이었다. 그러나 그동안 남성들은 늘 교섭이나 흥정을 핑계로 쓸데없이 시간만 허비해왔고, 여성들은 그 모습에 불신감이 쌓여 함께 싸우는 것을 거부한 것인지도 모른다.

하지만 그들의 생각이 어찌 되었든 의회로서도 상황이 흘러가는 대로 좌시만 할 수 없어서 국민 위병(1789년 프랑스 혁명 초기에 질서 유지와 자위를 목적으로 창설된 국민 방위대이다. 각 도시마다 하나씩 배치되어 1872년까지 존속하였다. —옮긴이)의 출동을 명하였다. 이에 일반 시민까지 가세하여 약 2만 명의 남성들이 베르사유로 속속 모여들었는데, 그때 이미여성들은 궁전 안으로 들이닥쳐 너도나도 어려운 형편을 호소했다. 의회도 이 틈을 타서 국왕에게 봉건제의 폐지와 인권 선언의 재가를 압박했다.

국왕 루이 16세Louis XVI는 처음에 피난과 군에 의한 진압도 고민했지만 국민 위병이 모여들고 있다는 소식을 듣자 기세가 꺾여, 의회에는 봉건제 폐지와 인권 선언을 승인했고 여성들에게는 밀가루 공급을 약속했다.

이렇게 한고비를 넘어가나 싶었지만 상황은 뜻대로 되지 않았다. 다음 날 국민 위병과 근위병 사이에 발생한 작은 충돌을 계기로 군중은 다시 궁전 안으로 밀어닥쳤다. 사태를 수습하려고 루이 16세가 발코니에 모습을 드러낸 순간, 사방에서 "왕을 파리로!"라고 외쳐댔다.

결국 국왕 일가는 파리로 이송되어 연금 상태에 놓였다. 여성들을 길거리로 이끄는 데는 정치적인 이유보다 눈앞에 닥친 아사의 공포가 더욱 컸던 것이다. 이 모든 일의 발단은 밀 부족으로부터 빚어졌는데, 식량 부족 사태를 심각하게 만든 것은 라키화산의 분화 때문이었다.

7

대한파

나폴레옹의 세계 제패를 목전에서 꺾은 동장군

코르시카 출신의 나폴레옹 보나파르트는 전 유럽 제패라는 역사상 그 누구도 이루지 못한 대업 달성을 목전에 두고 있었다. 프랑스 황제 나폴레옹 1세가 된 그의 앞에 유럽 대륙의 모든 군주가 고개를 떨궜지만, 드러내고 맞서는 영국의 숨통을 조이기 위해 나폴레옹은 대륙 봉쇄령을 발동했다.

하지만 대륙 봉쇄령은 양날의 검이기도 했다. 영국을 해상 봉쇄할 의도였지만, 해군력에서 우세한 영국에 의해 거꾸로 해상 봉쇄를 당해 프랑스 경제가 불안해졌다. 1808년에는 스페인에서 프랑스에 반발한 레지스탕스가 시작되었는데, 영국군의 지원을 받은 저항 운동은 쉽게 진압될 만한 정도가 아니었다. 게다가 세찬 뇌우가 계속되면서 프랑스

전역이 심각한 기근에 시
달렸다. 이제 나폴레옹은
파리를 떠나지 않고 국내
의 불안한 경제 상황을
해결하기 위해 더욱 애써
야 했다. 하지만 러시아가
노골적으로 대륙 봉쇄령

동장군 때문에 철수해야만 했던 나폴레옹과 그의 군대

을 위반하자 그대로 보고 있을 수 없던 나폴레옹은 1812년 6월 12일에
60만 대군을 직접 진두지휘하며 러시아 원정에 나섰다. 하지만 군사들
중에서 프랑스 병사는 절반 정도이고 나머지는 오합지졸 용병 집단이
었다.

주력 병력끼리 빨리 맞붙어 속전속결로 승리하면 러시아도 분명히
굴복할 것이고, 그것으로 원정은 끝이 나리라 생각했다. 하지만 나폴레
옹의 예측은 크게 빗나갔다. 바클리 드 톨리Barclay de Tolly 장군으로부터
전군의 지위를 이어받은 러시아의 노장 미하일 일라리오노비치 쿠투
조프Mikhail Illarionovich Kutuzov는 8월 26일 보로디노 전투에서 크게 패하고
도 항복하지 않았다. 오히려 나폴레옹을 러시아 안쪽 깊숙이 유인하는
전술을 계속 펼쳤다.

9월 14일 프랑스 군대가 모스크바에 입성했을 때, 27만 5천 명이
있어야 할 모스크바에는 1만 명 정도의 사람밖에 남아 있지 않았다. 모
스크바 시민들은 가져갈 수 있는 모든 식량을 챙겨서 러시아군과 함께

미리 피난을 떠난 것이다. 이로 인해 필요한 물자를 현지에서 조달하려던 프랑스군의 계획에 크게 차질이 생겼다.

그날 밤 모스크바에는 대형 화재까지 발생했는데, 프랑스군이 그 불을 완전히 끄는 데는 6일이란 긴 시간이 걸렸다. 대부분 목조 건축물이었던 탓에 건물의 3분의 2가 소실되었고, 이대로는 곧 다가올 겨울에 몸을 녹일 수 있는 장소조차 확보할 수 없는 상황이었다.

파리를 계속 비울 수도 없었던 나폴레옹은 10월 7일부터 철수하기 시작했다. 하지만 식량과 말의 먹이를 챙기다 보니 별 수 없이 대열이 길어졌다. 이는 러시아군이 바라던 대로였다. 러시아 기병은 급습을 계속 반복하며 나폴레옹 군대를 괴롭혔다.

설상가상으로 그 해는 눈이 예년보다 빨리 내려서 영하 20도의 추위가 그들을 덮쳤다. 이른바 '동장군'의 습격이었다. 추위와 굶주림, 여기에 적군의 기습까지 더해져 나폴레옹과 그 군대는 처참한 상황이었다. 안전한 지역으로 빠져나왔을 때에는 60만 명이었던 병사가 겨우 수만 명 남은 상황이었고, 결국 나폴레옹의 러시아 원정은 기록적인 대참패로 끝이 났다.

러시아의 '동장군'을 만만하게 봐서는 안 된다는 교훈은 유럽 군인들의 머릿속에 깊이 각인되었다. 하지만 세월의 풍화와 상부의 명령을 거스르지 못하고, 제2차 세계 대전 때 나치 독일군은 똑같은 실패를 되풀이했다.

8

지구 온난화

인류에게 닥친 선택의 기로

지구 온난화가 온실가스 배출에 의한 오존층 파괴에 기인한다는 것은 미국 트럼프 대통령과 그 지지자들을 제외하고, 이미 전 세계가 다 아는 사실이다. 물론 과학적으로도 뒷받침되었다. 여전히 진행 중인 시리아 내전의 배경에는 지구 온난화에 따른 혹독한 가뭄이 계속되기 때문이라는 설도 주장되었다.

2015년 3월 미국국립과학원회보인 《PNAS》에 실린 논문에 따르면, 시리아는 2006년 후반부터 극심한 가뭄이 3년간 계속되는 사상 최악의 상황을 기록했다. 1~2년 정도면 어떻게든 견딜 수 있겠지만, 가뭄이 3년 이상 장기로 이어지면 생활을 유지하는 게 불가능하다. 상황이 이렇다 보니 많은 농민이 가족을 데리고 마을을 떠나 도시로 대거

홀러들어 갔다.

그 결과 도시들과 그 주변 지역에서는 식량 가격이 치솟고 주택 부족에 따른 사회 혼란이 생겼다. 그렇지만 정부가 아무런 방책도 세우지 못하고 혼란이 가중되면서, 이슬람 과격파는 이 틈을 이용할 기회를 얻게 된다.

온실가스의 대규모 배출은 산업 혁명을 계기로 시작되는데 소규모 배출은 인류에 의한 불의 사용, 나아가 생물의 탄생으로까지 거슬러 올라간다. 왜냐하면 이산화탄소를 배출하는 모든 것이 원흉이기 때문이다.

인류 진화의 과정은 한 갈래가 아니다. 하지만 인류가 불을 사용하기 시작한 것은 인류 진화의 커다란 계기가 된다. 자연환경에 맞춰 체질을 바꾸기보다 지혜를 짜내 환경을 바꾸는 방향으로 고쳐 나아갈 수 있었기 때문이다.

환경에 맞출 것인가, 환경을 바꿀 것인가. 인류는 크게 두 갈래로 나뉘었다. 그 결과 장기적으로 보자면 후자가 살아남았는데, 인류는 이 시점부터 큰 짐을 짊어지게 되었다.

한편 해수면의 상승이나 바다의 산성화도 지구 온난화의 영향이라고 한다. 그 때문에 20세기 말부터 온실가스의 배출을 줄이기 위한 국제적인 대책이 본격화되었는데, 2016년 1월, 독일의 포츠담기후영향연구소 연구진이 지구 온난화에 관한 독창적인 연구 결과를 과학지 《네이처》에 발표했다. 바로 온실가스 배출로 인한 지구 온난화가 다음 빙기의 도래 시점까지 늦추고 있다는 내용이었다.

빙하 작용의 계기가 되는 조건을 분석한 결과 태양 주변을 이동하는 지구 공전 궤도상 현재 지구의 위치는 일사량이 적어 빙하 작용의 개시로 이어질 수 있지만, 그러기에는 대기 중의 이산화탄소 양이 너무 많다는 것이다.

지금까지 빙기는 10만 년 주기로 도래한다는 것이 정설인데, 이는 최근 80만 년의 일에 불과하다. 지구가 빙기에 접어드는지의 여부를 결정하는 기본적인 요인은 공전 궤도, 즉 태양을 중심으로 도는 궤도의 변화에 있고, 앞의 연구 결과에 따르면 수백 년 전에 다음 빙기가 시작되기에 딱 맞는 상황에 있었지만, 지구 쪽에서 이를 방해하는 사건이 일어났다는 것이다.

영국에서 시작한 산업 혁명 이후로 대기 중의 이산화탄소가 급증했고, 그에 따라 빙기가 도래하는 알맞는 타이밍을 벗어났다는 것이 독일 연구진의 견해이다.

온실가스의 배출만 잘 조절하면 간빙기를 수만 년 계속 유지하는 것도 가능하다는 말인데, 그렇다면 해수면의 상승, 빙하의 감소, 사막화의 진행, 빈발하는 가뭄과 같은 자연 현상에 인류는 어떻게 대처해야 할까?

유감스럽게도 독일 연구진은 그 점에 대해서는 아무런 해답도 제시하지 않았다. 이는 인류 전체가 진지하게 고민해야 할 숙제이다.

제7장

상품을
파악하면
세계사를
알 수 있다

비단
생활필수품이 아닌 사치품의 상징

'실크로드(비단길)'라는 이름을 처음 사용한 사람은 19세기 독일의 지리학자 페르디난트 폰 리히트호펜Ferdinand von Richthofen이다. 중국과 서양의 동서 교역에서 서양 측에 가장 환영받은 상품이 실크(비단)였다는 점에서 유래한다.

비단은 누에나방의 유충인 누에가 고치를 만들 때 배출한 생물 섬유에서 얻는 섬유 원료 및 제품으로, 그 역사는 기원전 6000~3000년 사이까지 거슬러 올라간다.

기원전 1000년경부터 대외 수출이 시작되지만, 그 생산 방법은 극비 사항으로 누에를 국외로 유출하는 것은 엄격히 금지되었다. 독점 상태를 지키기만 하면 부르는 값에 계속 거래할 수 있기 때문에 이윤을

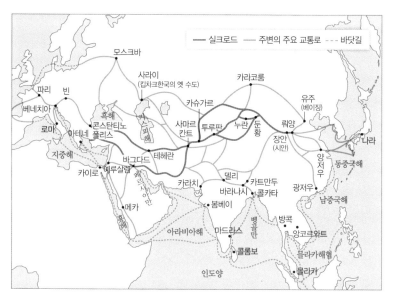

육로와 바닷길로 연결된 실크로드

우선시한 조치였다.

북방 민족인 흉노는 비단을 견마絹馬 교역이나 약탈 행위로 얻는 수밖에 없었고, 서방의 로마제국에서 비단은 같은 무게의 금과 거래되는 등 중국산 비단은 전 세계에서 탐내는 인기 품목이었다.

하지만 독점 상태가 영원히 유지될 수는 없는 법이다. 각국은 어떻게든 비단 제조법의 비밀을 캐내고자 애썼고 결국 누에가 그 비밀 열쇠라는 사실이 널리 알려졌다. 이제 남은 건 어떻게 누에를 중국 밖으로 빼낼 것인가의 가장 큰 문제였다.

당나라 시대 불경을 찾아 인도로 떠난 현장玄奘 법사의 업적은 제자들의 손에 의해 《대당서역기》大唐西域記로 정리되었는데, 그중에 위텐국 (호탄, 현재의 신장위구르자치구 허텐시) 왕과 비단에 얽힌 이야기가 실려 있다.

옛날 호탄은 가난한 나라였다. 어떻게 하면 번성할 수 있을까 날마다 고민하던 왕은 어느 날 대상이 실어 온 견직물을 보고 꾀를 내었다. 어떻게든 비단 제조술을 빼내야겠다고 마음먹은 왕은 비단 제조 기술을 가진 나라의 왕녀와 혼인을 약속하고는 기술을 가르쳐 달라고 몰래 부탁했다. 그 왕녀는 몹시 고민한 끝에 국금國禁을 깨고, 누에알과 뽕나무 씨를 머리 장신구 속에 숨겨 호탄에 전했다고 한다.

이 이야기는 중국 간쑤성의 둔황 석굴의 벽화에도 그려져 있으므로 매우 오랜 전설로 널리 알려졌으리라 생각된다. 다만 역사적 사실 여부는 확실치 않다.

527년에 즉위한 유스티니아누스 1세Justinianus I는 비잔티움제국 중흥에 크게 이바지한 명군이다. 당시에는 이란 상인을 통해야만 비단을 손에 넣을 수 있었는데, 너무 비싼 가격이 황제에게 늘 큰 고민거리였다.

당시 이란과 이라크를 통치하던 사산 왕조를 물리칠 수 없다면 어떻게든 비단 제조 기술을 알아내서 직접 만드는 수밖에 없었다. 그러려면 '비합법적 수단이라도 상관없다'는 것이 유스티니아누스 1세가 내린 결론이었다.

이윽고 550년경, 유스티니아누스 1세는 수도사 두 명을 중국으로 보냈다. 2년 후 그들이 귀국했을 때 두 사람이 늘 갖고 다니던 대나무

지팡이 안에는 누에알이 숨겨져 있었다. 이렇게 유럽에서도 양잠이 시작되었고, 중국에 의한 독점은 종언을 고했다고 전해진다.

덧붙여 실크로드라고 하면 사막의 오아시스를 잇는 길만 생각하기 쉽지만, 실제 동서 교역에서는 톈산산맥 북쪽을 지나는 초원길도 이용되었다. 넓은 의미에서의 실크로드는 동서 교역만이 아니라 남북 교역까지 포함했고, 그 교역망은 유라시아 대륙 전역과 동남아시아의 도서 지역까지 이르렀다.

운반 품목은 장소나 시기에 따라 다르지만, 가축의 수송력에 의존한 육지의 실크로드에서는 주로 일상 필수품이 아닌 사치품이 많았다. 그 중에서도 비단은 사치의 상징으로, 이것이 없다고 일상생활이 곤란하지는 않았다. 서양으로부터 중국에 전해진 금은 제품도 마찬가지였다.

2

철

강국을 만들고 싶은 군주라면 철의 확보는 필수 과제

철기라고 하면 소아시아를 중심으로 번성했던 히타이트제국의 발명품이라고 생각하기 쉽다. 하지만 실제로 제철 기술은 히타이트인이 들어오기 이전부터 그곳에 살고 있던 하티Hatti인에게 물려받은 기술로, 그기원은 기원전 2500년 무렵까지 거슬러 올라간다고 한다.

히타이트제국이 번성한 시기는 약 기원전 1650~1200년 무렵이다. 히타이트제국의 멸망과 함께 주변 지역에 제철 기술이 퍼졌고, 오리엔트 전체가 철기 시대로 접어들었다. 유럽이 철기 시대에 들어선 것은 기원전 8세기 중엽이고, 중국은 춘추 전국 시대 때였다.

철은 농기구나 무기를 만드는 데 없어서는 안 될 재료였기 때문에 강국을 만들고 싶은 군주에게 철의 확보는 필수 과제였다. 구체적으로 철광석 산지를 지배하에 둘 필요가 있었다.

철을 구하기 위한 전쟁을 계속 철저하게 추구한 사람은 몽골제국의 창시자 칭기즈 칸이다.

테무친鐵木眞, 즉 칭기즈 칸은 몽골 부족의 키야트 씨족에 속하는 보르지긴 가문의 일원이었다. 몽골고원은 철이 부족한 땅이었지만, 주변에는 철 자원이 풍부한 곳이 많았다. 그가 대업을 이루기 위해서는 먼저 그 땅들을 탈취할 필요가 있었다.

처음에 테무친은 몽골고원 중앙부에 자리 잡은 케레이트 부족과 동맹을 맺고 그들로부터 철 자원을 나눠 가졌다고 추측된다.

하지만 케레이트의 세력권에도 철 산지는 없었기 때문에 케레이트는 북쪽의 메르키트 부족으로부터 철을 손에 넣었을 것이다. 메르키트가 자리한 바이칼호수의 남동부는 비교적 철 자원이 풍부했다.

케레이트가 테무친의 세력이 강해질 것을 두려워하여 철 자원의 분배를 그만두자 테무친은 새로운 공급처를 찾아야 했다. 그래서 눈독을 들인 곳이 인산산맥의 북쪽 기슭에 자리한 옹구트 부족이었다. 테무친은 이들과 동맹을 맺고 알타이산맥 북쪽의 나이만 부족을 무너뜨렸다.

그 목적은 첫째로 인산산맥 북쪽 기슭의 바이윈 광구 주변에서 채굴되는 철을 나누기 위해서이고, 두 번째로는 나이만 영내의 철 자원이 풍부한 알타이산맥과 이르티시강 유역을 탈취하기 위해서였다.

테무친이 다음으로 노린 곳은 탕구트족이 세운 서하 북부 지역 산들로 이곳 역시 철광이 산재하는 지역이었다. 테무친은 1206년에 쿠릴

타이라는 부족 회의에서 정식으로 유목 민족들의 통일 군주로 인정받았다. 이듬해 키르기스를 공격한 것도 몽골고원 주변의 철 자원 산지를 탈취하는 것이 목적이었다.

살아남기 위해서 시작한 철 자원의 확보는 칭기즈 칸에게 더 큰 야망을 품게 하였고, 마침내 대제국의 주춧돌까지 쌓게 했다. 그야말로 철은 칭기즈 칸 생애의 반평생을 차지할 정도로 중요했던 것이다.

칭기즈 칸과 철의 관계는 후대에 전설로 남아 몽골의 기원을 말하는 '철광산 녹이는 이야기'로 탄생했다. 전설에 따르면 몽골의 선조는 에르게네 쿤이라는 곳에서 살고 있었는데, 인구가 늘어나면서 그곳으로부터 나와야만 했다. 하지만 좀처럼 나갈 방법을 찾지 못하다가, 마침내 한 지점을 발견했는데 그곳에는 철광이 있었다. 그들은 숲에서 장작과 숯을 준비하고, 소와 말을 죽여 그 가죽으로 풀무를 만들었다. 그리고 바람으로 불을 거세게 하여 철광을 녹이고 길을 내서 밖으로 나왔다고 한다. 이 이야기는 유대계 이란인 정치가 파둘라 라시드 웃딘의 저작 《집사》에 서술되어 있다. 만일 이것이 옛날부터 전해 내려온 전설이라면 대단한 예언이 아닐 수 없다.

마찬가지로 칭기즈 칸의 본명 테무친은 몽골어로 대장장이를 의미하는 '테무르치'에서 유래했다고 한다. 이를 운명이란 단어로 정리해도 괜찮을지는 판단하기 어려운 부분이 있다.

3

향신료
대항해 시대를 여는 생활필수품

14세기 유럽에서는 이상 기후와 흑사병의 확산으로 인구가 대폭 감소했다. 인구 감소는 뜻밖에도 생활 수준의 향상을 초래했다. 인구가 생산과 균형이 맞을 정도로 감소했기 때문이다. 그에 따라 식사의 내용물이 양보다 질을 우선시하는 것으로 바뀌고, 빵과 잡곡죽 일색이던 식탁에 고기 요리가 더해졌다.

하지만 냉장고가 없던 시대이기 때문에 어떻게 고기를 장기 보존할 것인가가 중요한 과제였다. 생각할 수 있는 유일한 해결 방법은 향신료를 뿌려서 부패를 늦추는 것뿐이었다. 이를 위해서는 대량의 향신료가 필요했는데, 15세기 이전의 유럽에서 향신료는 가격이 매우 비싸고 유통량도 한정적이라 부잣집에서도 충분한 양을 확보하기 어려웠다.

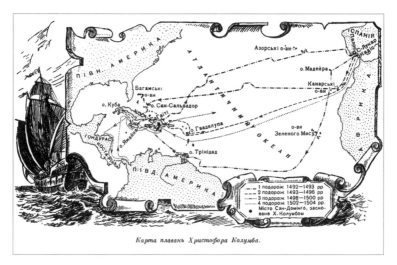

대항해 시대의 선구자인 콜럼버스가 왕래한 항로

　왜 향신료는 가격이 비싸고 양도 적었을까? 그 이유는 향신료의 산지가 인도를 비롯한 동남아시아 일대였기 때문이다. 인도 서해안의 집산지에서부터 유럽으로 이동되기까지는 오스만제국 영내를 통과해야만 했다. 심지어 오스만제국과의 교역을 독점하던 제노바 상인의 손을 반드시 거쳐야 했는데, 그렇게 다시 유럽 상인의 손에 향신료가 전해질 시점에는 매우 비싼 가격이 형성되었다.

　향신료의 안정적인 공급과 저가격화를 동시에 실현하는 방법은 단 한 가지로, 오스만 영내를 통과하지 않아도 되는 신항로를 개척해서 인도 혹은 각 산지와 직접 거래하는 방법이었다.

　존재도 확실치 않은 항로를 개척하는 사업이기 때문에 실패로 끝날 가능성이 높았고, 제 아무리 부유한 상인일지라도 투자를 망설일 수밖에 없었다. 그렇다면 대항해 시대를 연 콜럼버스는 당시 국토 회복 운동인 레콩키스타를 통해 중앙 집권을 강화한 포르투갈과 스페인 두 나라 중에서 후원을 받아야겠다고 생각했다. 그중에서도 스페인을 겨냥한 그의 안목은 틀리지 않았다.

포르투갈과 스페인은 인도로 가는 신항로 개척이라는 명분 속에 정치적, 종교적 의미도 담고 있었다. 이슬람 국가인 오스만제국을 타도하기 위해서는 유럽의 힘만으로는 부족하고, 아시아에서 동맹국을 찾아내 좌우협공해야 한다고 생각했다. 그 동맹으로 선택된 나라가 그리스도교의 군주가 다스린다고 전해진 '프레스터 존Prester John의 나라'였다.

사실 '프레스터 존의 나라'는 실제로 존재하지 않았고, 에티오피아의 그리스도교를 신봉하는 민족이나 그리스도교 중에서도 네스토리우스파를 믿는 케레이트족의 존재가 과장되어 전해진 듯하다. 이미 화살은 당겨졌고, 신항로의 개척에 그리스도교의 동맹자를 찾아낸다는 정치적, 종교적 목적도 가미되었다.

결과적으로 포르투갈은 아프리카 남단을 우회하는 항로, 스페인은 남아메리카 대륙 남단을 우회해서 태평양으로 빠지는 항로를 개척했다. 엄청난 장거리이기 때문에 항로의 개척뿐 아니라 중계점과 거점 확보도 꼭 필요했다. 그때마다 현지 세력과 교섭하는 것은 시간이 걸리기 때문에 자국의 군인을 상주시키고 일을 순조롭게 진척시킬 필요가 있었다.

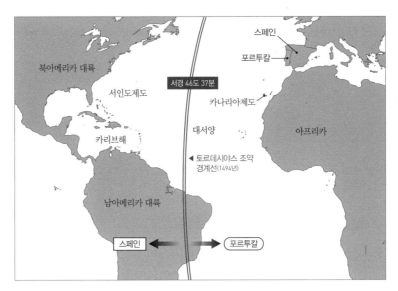

토르데시야스 조약에 의한 경계선

이러한 점點의 지배는 마침내 선線의 지배, 나아가 면面의 지배로 확장해 나가며 식민지화를 진행했다.

남은 문제는 스페인과 포르투갈의 땅 빼앗기 경쟁인데, 이를 중재하기 위해 교황 알렉산데르 6세가 나섰다. 그는 1494년 아프리카 서해안의 카보베르데공화국에서 서쪽으로 370레구아, 약 1770킬로미터 떨어진 지역에 남북을 나누는 자오선을 경계로 삼아 서쪽을 스페인이, 동쪽을 포르투갈이 갖는 '토르데시야스 조약' 체결을 끌어냈다.

이 조약에 따라 남아메리카 대륙에서 브라질은 유일하게 포르투갈의 몫으로 확보되었다.

동전

편리함 때문에 귀한 대접을 받은 중국제 동전

중국 제품이 전 세계를 석권하는 현상은 오늘날 시작된 것이 아니라 11~13세기에도 볼 수 있었던 현상이다.

그 제품이란 동으로 만들어진 화폐인 동전으로, 송나라 시대에 널리 쓰여서 '송전'宋錢이라고도 한다.

송 왕조는 수도의 위치에 따라 북송과 남송 시대로 구분하는데, 북송에서는 건국 초기부터 동(구리)의 산출량이 적은 쓰촨성을 제외하고 전국에서 동전이 유통되었다.

근대 이전의 중국 통화는 원형이고 한가운데에 네모난 구멍이 뚫려 있는 것이 특징인데, 이는 위조 방지가 아니라 갖고 다니기 쉽도록 고안된 것이다. 한가운데에 구멍이 있으면 거기에 끈을 끼워 일정한 액수를 가지고 다닐 수 있기 때문이다. 끈을 꿴 동전 꾸러미를 운반하는 일을 전문으로 하는 '담전인'担錢人이라는 직업도 있었다.

100문文이나 1관문貫文(1000문)이라는 단위로 한 꿰미에 꿰어 운반했는데, 동전 1관문의 꿰미는 길이가 160센티미터 이상, 무게는 3.5킬로그램 정도 되었다. 상인들은 늘 돈을 가지고 다녀야 했기 때문에 무거운 동전 꾸러미를 운반하는 전문 운반꾼을 고용하는 것도 납득할 만했다.

동전은 북송과 남송 시대를 거치며 표준 통화가 되었는데, 동은 유한한 자원이기 때문에 북송에서는 건국 초부터 동전의 수출과 국외 유출을 금지하였다. 이러한 '동금銅禁 정책'의 위반자는 그 금액에 따라 가벼운 자는 도형徒刑, 무거운 자는 기시棄市라는 극형에 처해졌다. 도형은 노역형을 일컫는 것으로, 당사자는 물론 친족에게도 매우 불명예스러운 형벌이었다.

이처럼 동전을 엄격하게 통제했음에도 불구하고, 상업 발전에 따른 유통량의 급증과 대외 무역 성행에 따른 국외 유출의 이중 타격에 의해 북송, 남송 시대 모두 '전황'錢荒에 시달렸다. 전황은 동전의 절대적인 부족을 나타내는 것으로, 동전 기근 현상으로 이해하면 된다.

국외로 유출된 동전의 행방은 동으로는 고려와 일본, 북으로는 거란, 서하, 금, 남으로는 자바섬, 수마트라섬, 말레이반도, 서로는 이란을 비롯한 서아시아 일대부터 아프리카 동해안의 소말릴란드, 잔지바르에까지 이르는데, 이들 중에서도 일본으로 유입된 양은 엄청났다.

송나라에서는 주요 항구에 시박사市舶司라는 관청을 세우고 무역과 출입국 관리를 맡겼다. 가장 출입이 많았던 곳은 광둥성 광저우이고 다음은 푸젠성 취안저우이다. 또 고려와 일본에 한해서는 산둥반도의 판교진板橋鎭(지금의 산둥성 자오저우)에서 관리했다.

하지만 전문적인 관청을 만들었어도 동전의 유출을 제어하지 못했던 이유는 역시 막대한 수입원이었기 때문이다. 시박사의 눈을 속이거나 시박사에게 뇌물을 건네고 원양 항해에 나서는 송나라 배가 많았다는 증거이기도 하다.

송나라 시대는 조선 기술과 항해법이 매우 발달했던 때이며, 아랍 세계로부터 전해진 나침반이 실용화되었다. 승무원 수가 수백 명에서 천 명에도 이르는 대형 선박도 출현했고 남중국해나 인도양까지 진출해 페르시아만에 도달한 배도 있었다. 아라비아 상인과 인도의 구자라트 상인의 독무대였던 해역에 중국 상인이 합류하게 된 것이다. 그때 현지에서 정착한 사람들이 화교華僑의 선구자였다.

5

은

한때는 국제 통화로도 통용되었던 은

합스부르크제국은 카를 5세Karl V(카롤루스 1세) 만년에 스페인계와 오스트리아계로 나뉘었고, 스페인-합스부르크가는 펠리페 2세Felipe II가 계승했다. 그 판도는 스페인 본토는 물론 현재의 베네룩스 3국, 이탈리아반도의 남반부, 시칠리아섬, 사르데냐섬, 라틴아메리카 대부분, 카리브해의 섬들, 태평양의 필리핀까지 달했다.

16세기 후반에는 은이 국제 통화로 널리 통용되었는데, 이때 필리핀의 항구 도시 마닐라가 최대 거점으로 떠올랐다. 멕시코의 사카테카스 은광, 페루 부왕령副王領(에스파냐제국의 남아메리카 대부분을 아우르던 식민지 행정 단위였다. 페루 부왕령은 16세기에서 17세기까지 에스파냐의 두 부왕령 가운데 하나였고, 페루 부왕청에서 관할하였다. 현재는 볼리비아령이다.─옮간이)의 포토시 은광, 일본의 이와미 은광에서 산출된 은이 일단 마닐라에서 집결된 다음 스페인으로 운반되었다. 당시 세계에서 산출된 은의 90퍼센트 이상을 스페인이 장악하고 있었다.

하지만 그 대량의 은은 스페인에서 새로운 산업을 진흥시키거나 영국보다 앞서 산업 혁명을 이끌어 내지 못했다. 건축이나 회화 등 예술 분야에 기여한 부분도 있었지만, 그보다도 대부분의 수익은 군사비로 투입되었다.

판도가 너무 넓다 보니 분쟁이 끊이지 않았고, 스페인은 지구상 어딘가에서 항상 교전 중이었다.

이탈리아 북부에서는 프랑스와 패권 다툼이 벌어졌고, 네덜란드에서는 80년 전쟁에 발이 묶이고, 카리브해에서는 영국 여왕의 지원을 등에 업은 해적들에게 농락당하는 등 아무리 군사비를 쏟아 부어도 밑 빠진 독에 물 붓기였다.

이 때문에 스페인은 은을 그대로 군비에 소진하지 않고 국제 금융업자로부터 자금을 빌릴 때 담보로 활용하였다.

하지만 갚을 길이 없는 빚에 지나지 않았다. 모든 전쟁을 승리로 끝내고 상대에게 막대한 배상금이나 몸값을 받아내지 않고서는 이자만 지불하기에도 버거웠다.

예상대로 은의 덤핑 판매는 은의 가치를 떨어뜨리고 물가 상승을 초래했다. 게다가 설상가상으로 라틴아메리카에서 은 산출량이 일제히 감소했다. 네덜란드의 국가 공인에 힘입어 해적 활동도 한층 더 극심해지는 등 스페인에게는 여러 악조건들이 겹쳤다.

　이미 펠리페 2세 때부터 여러 차례 반복했지만, 17세기의 스페인 왕도 자주 파산 선고를 해야 했다. 이런 상황에 국제 금융업자가 스페인에서 철수를 결정하는 것은 무리가 아니었다. 스페인은 차츰 유럽의 패권 다툼에서 탈락하고 심지어 빈곤국으로 전락해 갔다. 1700년에는 합스부르크가의 혈통이 끊겨, 14년간 벌어진 스페인 계승 전쟁의 결과 루이 14세의 손자인 앙주공 필리프가 펠리페 5세Felipe V로서 왕위 계승을 인정받아 스페인은 부르봉가의 통치하에 놓이게 되었다.

　한편 은본위 화폐 제도는 그 후에도 유지되었지만 1816년에 영국이 세계 최초로 금본위제를 이행하고부터 흐름이 바뀌었다. 1880년대에는 유럽 국가의 대부분이, 1897년에는 일본이, 1900년에는 미국이 잇따라 금본위제를 이행하였다. 하지만 세계는 1929년 세계 대공황으로 요동치기 시작해 현재의 관리 통화 제도를 채택하였다.

6

신작물

인구 폭발의 원인이 된 고구마, 땅콩 그리고 옥수수

대항해 시대는 세계의 식생활을 크게 바꾸어 놓았다. 아예 주식主食이 바뀐 곳도 있고 현재까지 이어져 내려오는 명물 음식이 탄생한 곳도 있다. 또한 급격한 인구 폭발로 이어진 곳도 있다.

청나라 시대의 중국과 유럽 국가들, 사하라 사막 이남의 흑인 거주 지역인 블랙 아프리카에서 인구가 큰 폭으로 증가했다. 이 중에서도 중국의 인구 폭발과 직결된 작물은 고구마, 땅콩 그리고 옥수수였다.

중국 인구는 17세기 초반에 1억 5천만 명에서 2억 명으로 절정을 맞았다. 명나라 말기에 발생한 자연재해와 내란으로 인구가 급감했지만, 청 왕조가 안정기에 접어들자 1700년경에는 1억 5천만 명까지 회복했다.

이어 1770년대에는 2억 8천만 명, 18세기 말에는 3억 명, 19세기 전반에는 4억 명을 넘은 것으로 추정된다.

이러한 인구 폭발을 뒷받침한 요인으로는 첫째, 무논에 벼를 심는 벼농사의 기술 개선과 둘째, 신작물의 도입을 들 수 있다.

고구마, 땅콩, 옥수수의 공통점은 대량의 관개용수를 필요로 하지 않고, 경작에 적합하지 않았던 산지에서도 재배가 가능하다.

모두 고칼로리 식품이기 때문에 에너지원으로서도 충분했다. 고구마는 쪄서 먹고, 땅콩은 삶아 먹고, 옥수수는 삶거나 말려서 죽으로 또는 가루로 빻아 만두로 만들어 먹는 등 활용법도 무궁무진했다. 물론 가축의 사료로도 유용했다.

식량의 안정적인 확보가 인구 증가로 직결되는 것은 두말할 필요도 없다. 평균 수명이 늘고 유아 사망률도 급감했다.

청나라 때 발생한 인구 폭발이 오늘날 인구 대국이 된 중국의 시발점이었다. 앞에서 서술했듯이 유럽에서는 감자와 옥수수에 의해 인구 폭발이 일어나고 해외 이주의 바람을 불러일으켰다.

블랙 아프리카에 관해서는 믿을 만한 통계가 없지만, 옥수수로 만든 얇은 빵이나 카사바Cassava를 주식으로 하는 지역이 많다는 점에서 유럽인에 의한 식민지화와 함께 옥수수가 보급된 것으로 보인다. 가뭄에 강한 작물의 도입으로 식량 부족이 대폭 완화되고 그로 인해 인구 폭발이 일어났다고 추측된다.

원산지가 아메리카 대륙인 작물에는 고추와 토마토도 포함되었다.

여담이지만 대항해 시대 이전의 이탈리아 요리에는 고추와 토마토가 사용되지 않았고, 파스타의 아라비아타 소스나 토마토가 들어간 샐러드도 없었다.

맵기로 유명한 한국 요리나 쓰촨(사천) 요리도 마찬가지이다. 고추는 일본을 경유해서 한국에 전파되었다. 한국의 김치는 고추가 보급되기 이전부터 있었는데, 매운맛이 아닌 소금을 사용한 현재의 물김치에 가까웠을 것이다.

고추는 김치를 담글 때뿐만이 아니라 고추장 같은 소스의 원료로도 일반 가정에 널리 보급되었다.

쓰촨 요리라고 하면 누구나 마파두부와 탄탄면을 떠올리기 쉬운데 이 두 가지도 역사가 길지 않다. 마파두부는 19세기 중반 진흥성반포陳興盛飯鋪의 점주 진춘부陳春富가 일찍 죽고, 요리사인 부인이 홀로 가게를 꾸려 나갈 때 행상인 등 막일하는 사람들을 위해 고안한 요리이다.

그녀의 얼굴에 곰보 자국이 많아 '진마파'陳麻婆(곰보얼굴의 진씨 부인)라는 애칭으로 친숙하게 불리면서 마파두부의 이름이 정착했다고 한다.

그와 비슷한 무렵에 탄탄면도 탄생했는데 그 역사는 오늘날의 배달 음식과 비슷했다. 당시에 멜대를 매고 음식을 팔러 다녔기 때문에 탄탄면擔擔麵(탄탄은 짊어지다는 뜻이다.—옮긴이)이라고 불렸는데, 국물을 갖고 다니기가 어려웠다.

당연히 본래의 탄탄면은 국물이 없었고, 게다가 국그릇이 아닌 작

은 밥공기에 담겨 있었다. 한 끼 식사를 해결하는 용도가 아니라 조금
출출할 때 먹는 패스트푸드였던 셈이다. 고추에다 화자오花椒라고 부르
는 매운맛을 내는 향신료를 많이 넣어 먹는 것이 본래의 탄탄면이다.

(7)

차

아편 전쟁과 세포이 항쟁의 원인이 되다

차나무의 원산지는 현재 인도의 아삼 지역에서부터 중국의 윈난성에 걸친 지역이나 중국의 푸젠성을 후보로 들 수 있는데, 차를 마시는 습관이 맨 처음 뿌리내린 시대는 중국의 송나라 때이다.

차를 마시는 자체는 후한 시대까지 거슬러 올라갈 수 있는데, 찻잎 자체가 매우 고가였기 때문에 서민에게는 그림의 떡이었다. 국민 모두가 일상에서 차를 즐길 수 있게 된 것은 송나라 때부터이다. 이 배경에는 상업 도시의 탄생과 유통망 정비가 깊은 관련이 있었을 것으로 보인다.

그렇지만 차를 마시는 습관이 중국 전역으로 퍼진 것은 아니다. 산시성을 비롯한 몇몇 곳은 예외였는데 그 이유는 확실치 않다. 어쩌면 그 지역에서 찻잎이 생산되지 않았거나, 찻잎의 교역로와 멀리 떨어져 있었을지도 모르겠다.

송나라부터 청나라 시대까지 북방 유목민의 세계에서는 채소가 절대적으로 부족하여 버터차를 마시면서 영양을 보충했다. 그 때문에 말과 차를 교환하는 차마茶馬 교역이 행해졌다.

비슷한 교역은 윈난성과 티베트 사이에서도 행해졌고 그 교역길은 현재 '차마고도'茶馬古道라는 이름으로 인기 있는 관광 명소가 되었다.

차를 마시는 습관이 유럽에 전해진 것은 대항해 시대가 본격화되고 나서부터인데, 포르투갈과 네덜란드가 가장 큰 역할을 했다.

네덜란드인이 마카오와 일본에서 산 찻잎을 처음으로 본국에 가지고 돌아간 것은 1610년이었다. 차가 귀족과 부유층에서 환영받자 네덜란드는 1690년 인도네시아 자바섬에 본격적으로 차 농장을 만들었다. 이에 따라 차의 가격이 떨어지고, 서민에게도 차를 마시는 습관이 확산되었다.

남중국해에서 활동하던 포르투갈에서는 네덜란드와 달리 차를 마시는 습관이 퍼지지 않았는데, 대신 차가 일부 부유층에게 동양의 신비한 만병 통치약으로 소개되었다.

그런데 1661년 포르투갈의 캐서린 왕녀가 영국의 찰스 2세와 혼인하면서 건강을 위해 찻잎 한 덩어리를 영국으로 가져간 후부터 차의 역사가 크게 바뀌었다.

당시 포르투갈 왕가는 혼수로 모로코의 탕헤르와 인도의 봄베이(지금의 뭄바이)를 영국에 할양했는데, 그와는 별도로 캐서린 왕녀가 스스로 찻잎 한 덩어리와 설탕을 7척의 배에 가득 실어서 가지고 갔다. 찰스 2세는 은을 요구했지만, 당시에는 설탕이 은과 동등한 가격으로 인정되었기 때문에 납득했다고 한다.

이 혼인을 계기로 영국 궁정뿐 아니라 귀족층에도 차를 마시는 문화가 퍼지면서 영국의 아시아 진출은 박차를 가하게 되었다. 청 왕조와 직접 거래가 시작되자 찻잎의 수입량이 늘고 가격도 떨어졌기 때문에 영국의 중하류층도 쉽게 차를 마시게 되었다.

우아한 티타임을 즐기는 귀족층에 비해 도시의 하층 노동자는 설탕을 넣은 홍차를 아침 식사로 대신하는 등 마시는 방법은 다양했다. 분명한 것은 어떤 식으로든 차의 수요가 계속 늘어났다는 점이다.

영국은 인도의 면직물, 중국의 차와 도자기 등을 계속 수입해야 했는데, 여기에서 수출할 만한 자국 상품이 없다는 심각한 문제에 직면하였다.

모직물 제품에는 자신이 있었지만 기후가 다른 인도나 중국에서는 수요가 전혀 없어서, 영국은 어쩔 수 없이 은을 대금으로 치러야 했다.

하지만 은의 일방적인 유출이 계속된다면 국고의 파산을 우려하지 않을 수 없었다. 그래서 영국은 인도를 식민지화하고 중국에 아편을 밀매하기 시작했다.

그 종착지가 1840년의 아편 전쟁, 1857년의 세포이 항쟁(영국 동인도회사에 고용된 인도인 용병 세포이들이 일으킨 대규모의 봉기 — 옮긴이), 1877년의 인도제국의 성립이었다.

빅토리아 여왕이 인도 황제를 겸하는 동군연합의 형식을 취했지만, 내실은 식민지 지배와 다름없었다. 인도는 영국의 무역 적자를 메우기 좋은 시장으로, 중국의 양쯔강 유역은 영국의 이권이 집적된 반식민지로 전락했다.

8

도자기

유럽에서 탄생한 명품 백자

근세 유럽에서는 차와 함께 커피와 초콜릿이 기호음료로 널리 확산되었다. 코코아가 아니라 초콜릿인 이유는 본래 초콜릿은 고체가 아닌 액체로 사랑받았기 때문이다.

무엇을 마시든 귀족이나 부유층 가정에서는 그에 맞는 그릇, 즉 다른 나라에서 들여온 도자기 그릇이 필요했다. 도자기 중에서도 가장 인기가 높은 것은 백자였다. 중국의 육조 시대에 만들어져 송나라 시대에 최전성기를 맞이한 물품으로, 중국 최대 도요인 징더전(경덕진)요景德鎭窯에서 나온 도자기가 가장 인기 있었다.

하지만 외국에서 들어온 물품인지라 당연히 가격은 비쌌다. '도자기를 국내에서 만들면 막대한 이익을 낼 수 있지 않을까' 하고 실행에 옮기는 사람이 나타나는 것은 시간문제였다.

그 역할을 담당한 사람은 독일의 작센 선제후選帝侯(중세 독일에서 황제 선거 자격을 가진 신성로마제국의 선거인단─옮긴이) 강건왕 아우구스트 2세August II였다. 그는 왕성한 정력가임과 동시에 동양 자기 수집가로도 잘 알려져 있는데, 병사 600명과 프로이센 소유의 중국 도자기 151개를 교환했다는 일화가 전해질 정도이다.

아우구스트 2세는 수집품으로 저택을 장식하는 것만으로 만족하지 못하고 1705년에는 열아홉 살의 연금술사 요한 프리드리히 뵈트거Johann Friedrich Böttger를 감금해서 백자 제조법을 밝히도록 명령했다.

뵈트거는 백자의 원료와 굽기에 필요한 온도를 찾아냈지만, 당시 독일에서 1350도에서 1400도나 되는 고온을 유지하는 방법은 미지의 영역이었기 때문에 어찌할 바를 몰랐다. 그때 구세주처럼 등장한 이가 자연 과학자였던 에렌프리트 발터 폰 치른하우스Ehrenfried Walther von Tschirnhaus 백작이었다. 뵈트거는 발터 폰 치른하우스 백작의 전적인 협조하에 과제를 잇따라 해결하고, 1709년에 마침내 백자 제조에 성공했다. 이듬해 유럽 최초의 경질 자기인 '마이센'Meissen이 탄생하였다.

당시의 독일 왕과 신성로마제국 황제의 자리는 합스부르크가에 의해 세습되었는데 그 권력은 오스트리아 외에는 그다지 미치지 못하고 왕국이나 제후국, 공국이 난립하는 상황이었다. 그중에서 뮌헨을 수도로 삼은 바이에른과 드레스덴을 수도로 삼은 작센은 두드러진 존재였고, 아우구스트 2세에 이르러서는 폴란드 국왕까지 겸하게 된다.

당시 같은 독일 내에서 아우구스트 2세에게 심한 경쟁의식을 가진 군주가 있었다. 그가 바로 프로이센 공작이자 초대 프로이센 국왕인 프리드리히 1세Friedrich I(브란덴부르크 선제후로서는 프리드리히 3세)인데, 그의 의지는 아들인 프리드리히 빌헬름 1세, 손자 프리드리히 2세로 이어졌다.

프로이센은 신흥 세력이었지만 선제후 프리드리히 3세의 어머니는 네덜란드의 공녀이고, 그의 형 오라녜 공公 빌럼 2세의 아들은 윌리엄 3세로서 영국 왕위에 올랐다. 역사가 짧은 만큼 군비를 증강하고 혼인 정책으로 세력을 확보했다.

프로이센의 작센에 대한 타도 열정은 집념이라고 부를 만큼 강했다. 양측은 1745년에 직접 맞붙었고, 프로이센의 승리로 끝났다. 이때 작센의 알브레히트부르크 성이 함락되면서 이전까지 절대 비밀이었던 백자 제조 기술이 유럽 전역에 확산되었다.

유럽의 백자는 덴마크의 로얄 코펜하겐, 오스트리아의 아우가르텐, 헝가리의 헤렌드, 영국의 로얄 알버트 등이 유명하다. 이들 중 마이센에 이어 오랜 전통을 자랑하는 도자기는 오스트리아의 아우가르텐으로 1744년에는 황실 직속 자기 공장으로 지정되었다.

유럽은 도자기를 수입하는 방식에서 자신들의 취향에 맞게 백자를 제조하는 방식으로 방침을 변경하여 수많은 명품을 탄생시켰다.

9

금

이민 사회를 만들어 낸 미국의 골드러시

동서고금을 막론하고 사금이나 금덩어리 등 금은 부의 상징이자 화폐의 역할도 해 왔다. 고대 유적에서 출토된 유물을 보면 권력자의 묘에는 금제품이 가득하다. 누가 정한 것도 아니고 가격이 표시되어 있는 것도 아닌데도 사람들은 반짝임과 양, 무게로 금의 가치를 가늠하는 공통된 인식을 품었다.

대항해 시대가 시작되자 아메리카 선주민이 몸에 두른 금 장신구가 심각한 재앙을 초래했다.

멕시코 중앙고원에 발을 디딘 에르난 코르테스Hernán Cortés도, 남아메리카 안데스산맥에 들어선 프란시스코 피사로Francisco Pizarro도 빛나는 황금에 매료되어 이성을 잃고 만행을 저질렀는지도 모르겠다.

스페인 역사에서 정복자라는 뜻의 '콩키스타도르'Conquistador로 이름 불린 그들은, 선주민 입장에서는 전염병의 신 아니면 악마 그 자체나 다름없었다.

새로운 금광이 발견되면 전 세계에서 사람들이 몰려든다. 미국의 샌프란시스코와 호주의 멜버른을 중국어로 '구금산'舊金山과 '신금산'新金山이라 일컬었던 당시 상황이 이를 명확히 보여 준다.

샌프란시스코가 구금산이 된 이유는 1849년에 일어난 골드러시와 관계가 있다.

1848년 멕시코 영토에서 막 미국령이 된 캘리포니아에서 대규모 금광이 발견되었다. 그러고 나서 1년 만에 10만 명의 사람들이 밀려들었다.

그럼에도 불구하고 광산 노동자의 수요는 줄지 않았고, 서부 개척에 탄력이 붙어 미국 동해안과 서해안을 잇는 도로와 철도의 건설이 활발히 이루어졌다.

하지만 광산 채굴이나 철도 건설은 엄청난 중노동이었고 늘 죽음의 위험이 도사리고 있었다. 더 많은 노동자가 필요했지만, 백인 노동자 중에서 그러한 일을 참아낼 수 있는 사람은 아일랜드 이주민 정도였다.

그래서 미국이 주목한 것이 청나라의 중국인으로, 1860년에 체결한 베이징 조약에 의해 중국인의 해외 도항을 해금시켰다. 일확천금을 꿈꾸고 많은 중국인이 해외로 눈을 돌렸고, 대다수는 동남아시아로 향했지만 그중에 태평양을 건너 미국으로 향하는 사람도 적지 않았다. 그렇

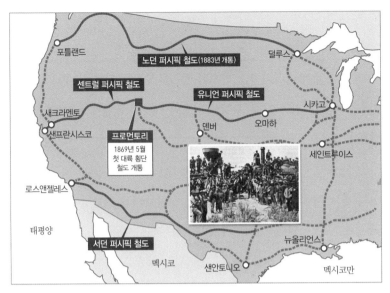

광활한 대지를 가로지르는 미국의 대륙 횡단 철도

게 상륙한 곳이 샌프란시스코였고, 이후 '구금산'이라는 이름이 붙었다.

1869년에 개통한 미국 최초의 대륙 횡단 철도는 중국인 노동자들이 없었다면 개통 시기가 훨씬 늦어졌을 것이다. 침목 하나를 설치할 때마다 중국인 한 명이 죽었다는 말이 있을 정도로 난공사였기 때문이다.

이 공사가 끝날 즈음해서 미국 서해안에서는 중국인 노동자 배척 운동이 일어났다. 철도의 완성과 함께 대부분의 중국인 노동자는 고향으로 돌아갔다. 하지만 남은 금광이나 도시에 흘러든 중국인이 '힘들고, 위험하고, 더러운' 3D업종을 저임금으로 맡는 것에 대해 백인 노동자들의 맹렬한 반발의 목소리가 터져 나왔기 때문이다.

이에 따라 미국 정부도 아시아계 이민 규제에 나설 수밖에 없었고, 19세기 말 아시아계 이민의 첫 물결이 종료되었다.

한편 오스트레일리아도 현재의 멜버른은 입항지에 불과했고, 골드러시의 현장은 멜버른을 포함한 빅토리아주의 광범위한 곳에서 펼쳐졌다.

오스트레일리아의 골드러시는 1851년부터 10여 년간 계속되었다. 역시 전 세계에서 일확천금을 꿈꾸는 사람들이 모여들었는데 그중 영국인이 가장 많았다. 하지만 1861년 시점에서 광산 노동자의 10퍼센트 이상이 중국인이었기 때문에 그 존재는 매우 두드러졌다.

골드러시 자체는 그 후에도 몇 차례 일어났지만, 모두 미국 캘리포니아와 오스트레일리아의 빅토리아에 미치지 못했고, 중국어로 'O금산'이란 이름을 붙이기에는 역부족이었다.

앞으로도 금 절대량의 증가가 아주 미미하다면, 금의 가치가 크게 하락할 일은 없을 것이다. 따라서 금은 투자의 대상으로 꾸준한 인기를 유지하고 있다.